Volkswirtschaftlich richtige Kostenrechnung

Von

Dr. rer. pol. Lothar Mann

Walter de Gruyter & Co.
vormals G. J. Göschen'sche Verlagshandlung - J. Guttentag, Verlagsbuchhandlung - Georg Reimer - Karl J. Trübner - Veit & Comp.
Berlin 1950

Archiv-Nr. 133250
Druck von Friedrich Wagner, Duderstadt/Hann.
Printed in Germany

Inhalt

EINLEITUNG.

A. Volkswirtschaftliche Kostenrechnung als Richtschnur der Wirtschaftspolitik

Für jeden Unternehmer ist es eine Selbstverständlichkeit, bei wichtigen wirtschaftlichen Entscheidungen von einer genauen Wirtschaftsrechnung auszugehen, alle Geschäftsvorfälle zahlenmäßig zu erfassen und das Ergebnis seiner Unternehmertätigkeit durch in regelmäßigen Abständen aufgestellte betriebliche Erfolgsrechnungen zu überwachen Ist der **Wirtschaftspolitiker** im Gegensatz zum Unternehmer nur auf allgemeine wirtschaftliche Erkenntnisse als Richtschnur seines Handelns angewiesen oder vermag auch er zu rechnen, den Erfolg geplanter wirtschaftspolitischer Maßnahmen im voraus zahlenmäßig zu bestimmen und durch eine „Erfolgsrechnung" laufend zu überwachen? Kann er sich hierbei ohne weiteres auf die Ergebnisse des Rechenwerks der einzelnen Unternehmungen stützen oder muß er bei deren Auswertung im Hinblick auf das Wesen und die Bedürfnisse der ganzen Volkswirtschaft irgendwelche Berichtigungen vornehmen? Diese Fragen werden oft mit Selbstverständlichkeit bejaht, obwohl bei genauerem Nachdenken die Wirtschaftsrechnung erhebliche theoretische Schwierigkeiten bietet, so daß sich ihre genauere Untersuchung durchaus lohnt

Die Fragen der Wirtschaftsrechnung, der Bewertung und verwandter Gebiete sind in der Betriebswirtschaftslehre am weitesten ausgebildet und nehmen innerhalb ihrer gesamten Untersuchungen einen sehr weiten Raum ein. Dies ist schon deshalb verständlich, weil für den Betrieb sehr viel mehr Daten gegebene, eindeutige Größen sind, als für die Volkswirtschaft als Ganzes Eine exakte Rechnung ist aber um so leichter, je weniger Größen als veränderlich angesehen werden müssen Die Erkenntnisse, die in diesem einfachen Rahmen gewonnen worden sind, vermögen für die komplizierteren volkswirtschaftlichen Fragen wenigstens Anregungen zu geben, nur muß man sich vor unberechtigten Analogieschlüssen hüten.

In einem mit „F D" gezeichneten Aufsatz im Finanzarchiv [1]) werden einige Reformvorschläge Terhalles zur Beseitigung von Mängeln im finanzwirtschaftlichen Rechnen in Verbindung mit dem Haushaltsplan besprochen. Terhalle hatte u a. gefordert, daß die Verrechnung beim Staat und den Gemeinden die Feststellung und den Vergleich der Kosten für einzelne Leistungen zur Prüfung der Wirtschaftlichkeit ermöglichen solle F D weist darauf hin, daß die Kosten für bestimmte Einzelleistungen, beispielsweise für Bauten oder Kraftwagen, bereits heute

1) F. D. Staatswirtschaft und staatswirtschaftliches Rechnen. Finanzarchiv Tübingen 1944, S 359 ff.

neben der Haushaltsrechnung meist auf statistischem Wege ermittelt werden. Der Einbau von Kostenfeststellungen in die Buchführung bei öffentlichen Verwaltungen wird dagegen als unzweckmäßig abgelehnt. Für die Feststellung der Wirtschaftlichkeit einzelner Maßnahmen genügen bloße Kostenrechnungen der Verwaltung nicht, weil „die Wirtschaft des Staates nicht eine auf Gewinn abzielende Unternehmung, ebensowenig aber eine Vermögensverwaltung ist, sondern eine die Einnahmen der öffentlichen Hand, in der Hauptsache Steuergelder, bewirtschaftende Haushaltswirtschaft mit staatlichen und politischen Zielen". (S. 374) Wohl aber sind wirtschaftspolitische Zielsetzungen auf die Verwirklichung des wirtschaftlichen Prinzips gerichtet, nur nicht in der Form der privatwirtschaftlichen Rentabilität, sondern der volkswirtschaftlichen Produktivität. Zu deren Feststellung bedarf es nicht nur der Berechnung der Kosten der Verwaltung, sondern auch der Kosten der betroffenen Unternehmungen und Privatleute, die zusammen die volkswirtschaftlichen Kosten der Wirtschaftsakte ausmachen. Ehe wir praktische Vorschläge für eine Reform des Rechnungswesens der öffentlichen Verwaltung machen können, müssen wir daher die Begriffe „volkswirtschaftliche Produktivität", „volkswirtschaftliche Kosten" und „gesellschaftlicher oder volkswirtschaftlicher Wert" der Güter und Leistungen klären.

Schon 1933 hat Schmalenbach ausgesprochen, daß es schwer begreiflich sei, wie die Wirtschaftspolitiker ohne volkswirtschaftliche Bilanzen und Gewinn- und Verlustrechnungen durchkommen könnten.[1]) Die wirtschaftspolitische Leitung eines Staates sei weit schwieriger als die Leitung eines Unternehmens, aber nur wenige Wirtschaftspolitiker sähen die Notwendigkeit der zahlenmäßigen Prüfung des Erfolges ein. Es sei noch nie der Versuch gemacht worden, eine wirkliche volkswirtschaftliche Bilanz und Gewinn- und Verlustrechnung aufzustellen. Früher hätte man zur Entschuldigung sagen können, es sei kein Material dazu vorhanden, heute aber sei durch den großartigen Ausbau der Reichsstatistik eine solche Rechnung möglich. Was vorhanden sei, sei weit mehr, als was fehle. Auch privatwirtschaftliche Bilanzen beruhen bei vielen wichtigen Posten nur auf Schätzungen, die oft auf recht schwachen Füßen ständen. Trotzdem würde niemand auf privatwirtschaftliche Bilanzen verzichten wollen. Man müsse erst eine theoretische Klärung herbeiführen, müsse es dann einmal versuchen und sich schließlich allmählich an das beste Verfahren heranarbeiten. Es habe aber den Anschein, als ob manche Wirtschaftspolitiker solche Jahresabschlüsse fürchteten, weil sie ahnten, daß dabei der Mißerfolg ihrer Wirtschaftspolitik sichtbar werden würde. Der theoretischen Klärung, die Schmalenbach verlangt, soll diese Arbeit durch den Nachweis dienen, daß die Zahlen der Betriebsrechnungen in eine volkswirtschaftliche Gewinn- und Verlustrechnung nicht unverändert übernommen werden können, und in welcher Richtung sie geändert werden müssen.

---

[1]) E. Schmalenbach. Kapital, Kredit und Zins in betriebswirtschaftlicher Beleuchtung. G. A. Glöckner Verlag Lzg. 1933. S. 106–110.

Die theoretische Volkswirtschaftslehre geht bei ihren Untersuchungen von der vereinfachenden Voraussetzung aus, daß sich die Teilnehmer des Wirtschaftsverkehrs nur von ihrem richtig verstandenen wirtschaftlichen Vorteil, der sparsamsten Verwendung materieller Mittel bei der Befriedigung der Gesamtheit der Bedürfnisse leiten lassen. In Wahrheit müssen im Leben auch die Beziehungen der immateriellen Mittel zu den materiellen berücksichtigt werden und ebenso die Störungen, die von den materiellen Mitteln zur Befriedigung **eines** Bedürfnisses auf die Befriedigungsmöglichkeit **anderer** Bedürfnisse ausgehen können. Eine praktische Wirtschaftspolitik aber, die mit der Sozialpolitik, Bevölkerungspolitik oder mit einem anderen Teilgebiet der Gesamtpolitik des Staates in Widerspruch steht, ist falsch. Daher ist auch das Ergebnis einer wirtschaftspolitischen Untersuchung falsch, wenn in ihr nicht alle die allgemein anerkannten politischen Zielsetzungen berücksichtigt werden, die zu dem Gegenstand der Darstellung in der Wirklichkeit in Beziehung stehen. Jede andere Art der Darstellung würde den Abstand von ihrem eigenen Inhalt bis zu dem, was der Politiker tatsächlich bedenken muß, so groß werden lassen, daß die Gefahr einer falschen Wirtschaftspolitik größer wäre als der Nutzen der an sich vielleicht richtigen Teilergebnisse, die so erzielt werden können. Ganz falsch aber ist es, fertige Schlußfolgerungen für praktisches wirtschaftspolitisches Handeln aus sogenannten „rein wirtschaftlichen", das heißt unfertigen wissenschaftlichen Darstellungen abzuleiten. Es wäre reiner Zufall, wenn diese Schlußfolgerungen richtig wären.

Darum müssen wir bei der Darstellung unseres Gegenstandes einige Forderungen berücksichtigen, die in der Gegenwart allgemein an die Wirtschaftspolitik gestellt werden: sie soll die Vollbeschäftigung und wenigstens jedem Menschen ein Existenzminimum gewährleisten sowie Krisen nach Möglichkeit vermeiden. Diese allgemein anerkannten Forderungen an eine erfolgreiche Wirtschaftspolitik müssen als Kriterium der Richtigkeit oder Unrichtigkeit in die Beantwortung der gestellten Fragen hineingezogen werden. Dagegen muß sich die wissenschaftliche Behandlung der Wirtschaftspolitik von den Meinungen einzelner politischer Parteien freihalten. Sie kann dies ohne Gefahr für die Vollständigkeit der Problemstellung, wenn sie sich nicht auf die Gesamtheit der politischen Zielsetzungen einer Partei, sondern auf wissenschaftliche Erkenntnisse der Gesamtheit des menschlichen Lebens und die hieraus abgeleiteten ethischen und „lebenspolitischen" Forderungen stützt.

Wie weiterhin die Theorie ihre Untersuchungen an dem Modell einer Wirtschaft mit vollständiger Konkurrenz auf allen Märkten beginnt, so erscheint es zweckmäßig, bei einer wirtschaftspolitischen Untersuchung von der Politik eines völlig souveränen, d. h. eines gebietlich in seinem Einfluß begrenzten, doch innerhalb seiner Grenzen unabhängigen Staates auszugehen, obwohl die auch innerhalb ihrer Grenzen irgendwie abhängigen Staaten in der Gegenwart weitaus zahlreicher sind als die völlig souveränen. Der souveräne Staat ist aber der einfachste Fall, mit dessen Untersuchung daher begonnen werden muß. Die zahlreichen Abweichungen und Verwicklungen, die bei abhängigen Staaten und staatsähnlichen Gebilden möglich sind, würden besonders umfangreiche Ausführungen notwendig machen, von denen in dieser Arbeit abgesehen werden muß, um dafür die Grundfragen der volkswirtschaftlichen Kostenrechnung um so klarer hervortreten zu lassen Auch bisher ist man bei solchen Arbeiten, wenn auch meist stillschweigend, von den Verhältnissen völlig souveräner Staaten ausgegangen, so daß wir mit dieser Beschränkung in dem üblichen Rahmen derartiger Untersuchungen bleiben

Wenn man mit Schönfeld [1]) den **Begriff der Wirtschaftsrechnung** so faßt, daß sie **alle** wirtschaftlichen Überlegungen, „alle Gedankengänge der wirtschaftenden Menschen, welche darauf gerichtet sind, die wirtschaftlich zweckmäßigen Verfügungen über die Güter zu finden", umfaßt, so verbaut man sich von vornherein den Zugang zu dem hier behandelten Problem Im Gegensatz hierzu dürfen wir unter Wirtschaftsrechnung nur eine **in Zahlen ausgedrückte Überlegung** verstehen und den Ausdruck nicht in irgendeinem übertragenen Sinne gebrauchen, da es hier ja gerade darauf ankommt, zu zeigen, wie weit solche zahlenmäßig begründeten Urteile für die Wirtschaftspolitik entscheidend sein dürfen, und wieweit sie einer Korrektur durch andere Werturteile bedürfen, die sich nicht in Zahlen ausdrücken lassen. Die volkswirtschaftliche Kostenrechnung ist ein besonderer Fall dieser so bestimmten Wirtschaftsrechnung und soll Erfolg oder Mißerfolg einer einzelnen Maßnahme bestimmen Im weiteren Sinne könnte man unter Wirtschaftsrechnung andererseits auch schon jedes beliebige in der Wirtschaft vorkommende Rechenwerk verstehen Hierunter würde dann das ganze Gebiet der Wirtschaftsstatistik einschließlich einer bloßen Mengenstatistik fallen. In Übereinstimmung mit der in der Literatur herrschenden Anwendung wollen wir jedoch den Begriff in einem engeren Sinne verwenden, da wir ja auf einen Kostenvergleich hinaus wollen. Wir bezeichnen als Wirtschaftsrechnung nur eine Rechnung, die der Verfolgung des wirtschaftlichen Prinzips dient, also der Erreichung eines gegebenen Zieles mit möglichst geringen Kosten oder einer solchen Verwendung der verfügbaren Mittel, daß damit ein möglichst hoher Ertrag erreicht wird. Für die Frage der Möglichkeit der Wirtschaftsrechnung in der sozialistischen Wirtschaft ist der Hinweis darauf von Bedeutung, daß das wirtschaftliche Prinzip sich von dem bloßen technischen Prinzip der Erreichung eines Erfolges mit den geringsten Mitteln durch den von dem wirtschaftlichen Prinzip geforderten Wertvergleich zwischen Mittel und Ziel unterscheidet. Das wirtschaftliche Prinzip kommt in der von Schönfeld gewählten Fassung bereits zum Ausdruck, so daß wir im Anschluß daran die Wirtschaftsrechnung definieren können als **Inbegriff aller in Zahlen ausgedrückten Überlegungen der wirtschaftenden Menschen,** die darauf gerichtet sind, die wirtschaftlich zweckmäßigste Verfügung über die Güter zu finden Statt Wirtschaftsrechnung können wir also genauer **Wirtschaftlichkeitsrechnung** sagen.

Die Bedeutung der Wirtschaftsrechnung für jede denkbare Volks-

---

1) Leo Schönfeld. Grenznutzen und Wirtschaftsrechnung. Wien 1924. S. 1.

wirtschaft kann kaum überschätzt werden Ein Wirtschaftssystem oder eine Wirtschaftsordnung, in der keine klare und eindeutige Wirtschaftsrechnung möglich wäre, die alle für die Wirtschaftsleitung wichtigen Tatsachen ihrem wirklichen Gewicht nach berücksichtigt, wäre niemals in der Lage, wirtschaftliche Höchstleistungen zu erzielen, d h den Wohlstand des Volkes bis zum höchsten erreichbaren Grade zu entwickeln, denn es fehlt ihr ja überhaupt am Maßstab für die Beurteilung und den Vergleich wirtschaftlicher Leistungen Die Wirtschaftsrechnung gibt uns den Maßstab, um aus der Fülle der wirtschaftlichen Möglichkeiten die besten auszuwählen Sie gestattet uns, auch alle Güter höherer Ordnung in ihrem Werte zu beurteilen, obgleich wir unmittelbare Werturteile nur über die genußreifen Güter und bestenfalls noch über die Erzeugungsmittel der niedrigsten Güterordnungen abgeben können Die Vergleichbarkeit aller Werte in Geld ist die Voraussetzung dafür, daß die an sich knappen Erzeugungskräfte der Volkswirtschaft jeweils für die wertvollsten Erzeugungszwecke eingesetzt werden können Die Wirtschaftsrechnung „macht den Wert rechenbar und gibt uns damit erst die Grundlagen für alles Wirtschaften mit Gütern höherer Ordnung. Hätten wir sie nicht, dann wäre alles Produzieren mit weit ausholenden Prozessen, dann wären alle längeren . Produktionsumwege ein Tappen im Dunkeln“ [1]) Die Kapitalgüter, die in die Erzeugung eingehen, müssen immer wieder ersetzt werden Nicht nur die Güter des umlaufenden, sondern auch die des stehenden Kapitals werden verbraucht und müssen immer wieder neu hergestellt werden Dies ist in der in Bewegung befindlichen Wirtschaft, deren Bedingungen sich fortlaufend verändern, außerordentlich schwierig, weil Richtung und Verfahren der Erzeugung hier immer wieder verändert werden Ohne Wirtschaftsrechnung ist es unmöglich, die hierbei erforderlichen Gedankenoperationen vorzunehmen, so daß Erzeugung und Verbrauch in Übereinstimmung gebracht und nicht das Kapital, sondern nur die Überschüsse verbraucht werden [2])

Die Möglichkeit der Wirtschaftsrechnung und die Bedeutung ihrer Ergebnisse für die Wirtschaftspolitik ist von der jeweiligen **Wirtschaftsordnung** abhängig Die Frage gewinnt ein ganz verschiedenes Gesicht, je nach dem, ob wir von einer freien Marktwirtschaft im Sinne der liberalen Schule, von einer sozialistischen Wirtschaft oder einer Wirtschaft mit staatlicher Wirtschaftslenkung sprechen. Diese verschiedenen Wirtschaftsordnungen sollen daher nach einander in Bezug auf die volkswirtschaftliche Kostenrechnung in ihnen besprochen werden. Diese Gliederung entspricht der Methode, die im Anschluß an Marx von Werner Sombart in Deutschland, Sidney Webb in England und Thorstein Veblen in Amerika entwickelt worden ist, die die Entwicklung der wirtschaftlichen Einrichtungen in einem theoretischen, nicht nur geschichtlichen oder propagandistischen Geist studierten [3]) Damit soll

---

1) Ludwig von Mises. Die Gemeinwirtschaft. Untersuchungen über den Sozialismus. Jena 1922. S. 104.
2) Mises. a. a. O. S. 190/193.
3) W. C. Mitchell. The Prospects of Economics. in R. G. Tugwell. The Trend of Economics, New York. Alfred A. Knopf 1924. S. 18–19.

diese Methode nicht irgendwie als maßgebend für die Gesamtbearbeitung des Themas hingestellt werden, sondern es handelt sich nur um eine bestimmte Art der Gliederung des Stoffes, diese aber ergibt sich von selbst aus dem Gegenstand, weil viele Schriftsteller der ausgesprochenen oder unausgesprochenen Ansicht sind, daß eine richtige Wirtschaftsrechnung nur in der freien Marktwirtschaft möglich ist.

Wenn die wirtschaftlichen Planungen und Entscheidungen dem Einzelnen überlassen bleiben, bildet sich eine bestimmte **Wirtschaftsordnung** auf der Grundlage der Marktpreise heraus. Die rationelle Gesamtwirtschaftsführung wird dann durch die Wirtschaftsrechnung der Einzelpersonen und Betriebe gewährleistet.[1]) Ob diese Art der Gesamtwirtschaftsführung ideal ist, soll an dieser Stelle noch nicht erörtert werden. Je mehr aber der Staat mit eigenen Wirtschaftsplanungen und wirtschaftspolitischen Entscheidungen in den Ablauf der Wirtschaft eingreift, desto notwendiger wird es, diesen Entscheidungen eine volkswirtschaftlich ausgerichtete Wirtschaftsrechnung zugrunde zu legen. Die Unübersichtlichkeit des Geschehens ist bei wirtschaftspolitischen Entscheidungen noch viel größer als bei Entscheidungen eines Einzelunternehmens. Neuerdings hat auch Adolf Weber darauf hingewiesen, daß alle, „die an dem volkswirtschaftlichen Soll und Haben als Konsumenten oder als Produzenten teilnehmen", **rechnen** müssen. „Der unbedingt notwendige Ausgleich zwischen Angebot und Nachfrage kann jedoch nur dann gefunden werden, wenn in diese Rechnung **volkswirtschaftlich richtige Ziffern** eingesetzt werden, d. h. diejenigen Ziffern, die in ihrer Tauschrelation jeweils der Bedeutung aller der anderen Güter entsprechen, die durch die Einzelwirtschaften hindurchgehen und für sie von wirtschaftlichem Interesse sind".[2])

B. Die merkantilistische Handelsbilanztheorie

Nach der Ansicht merkantilistischer Schriftsteller war der Außenhandel dann von Vorteil für ein Land, wenn durch eine „günstige" Handelsbilanz, d. h. durch einen Überschuß der Ausfuhr über die Einfuhr, Edelmetalle ins Land einströmten. Wenn diese Ansicht richtig wäre, könnte man demnach aus der Außenhandelsstatistik den Erfolg oder Mißerfolg des Außenhandels errechnen.[3])

Daß Handels- und Zahlungsbilanz uns Symptome zeigen können, die für die Beurteilung dieses Erfolges bedeutsam sind, ist unbestreitbar, steht jedoch hier nicht zur Debatte. Die Merkantilisten haben eine ganze Reihe richtiger Beobachtungen gemacht, darunter besonders diejenige von dem nützlichen Einfluß eines Einfuhrüberschusses an Währungsmetall auf die Beschäftigung in einer wachsenden Wirtschaft. Sie haben auch eine ganze Reihe von Einzelzusammenhängen theo-

---

1) Wilhelm Röpke. Artikel „Sozialisierung im Handwörterbuch der Staatswissenschaft. 4. Aufl. 1926.
2) Adolf Weber. Übergangswirtschaft und Geldordnung. Rich. Pflaum-Verlag München 1946. S. 33.
3) Eli F. Heckscher. Der Merkantilismus. Übersetzt von Gerhard Makkenroth. 2 Bände. Gust. Fischer Verlag, Jena 1932. Bd. 2, S. 169–174

retisch richtig gesehen, es fehlte ihnen aber noch die Erkenntnis des Gesamtzusammenhanges zwischen den relativen Geldmengen, den relativen Preisniveaus der Handelsbilanz und dem Wechselkurs Zwar findet man bei ihnen bereits den wichtigen Gedanken der Unterscheidung zwischen volkswirtschaftlicher und privater Erfolgsrechnung des Außenhandels und der inländischen Produktion, aber in einer völlig unzureichenden Betrachtungsweise, da sie sich über die Bedeutung der inländischen Kosten in keiner Weise im klaren waren Viele Fehlurteile sind durch ihre Unkenntnis der Doppelseitigkeit der volkswirtschaftlichen Kostenfaktoren bedingt, die ja zugleich das relative Einkommen der einzelnen Wirtschaftssubjekte bestimmen Beispielsweise ist der Lohn als Kostenfaktor der Preis für die Inanspruchnahme des knappen Produktionsfaktors Arbeit, zugleich aber auch die Quelle der Lohneinkommen als eines wichtigen Teiles des gesamten Volkseinkommens.

Der Vergleich der Produktionskosten im Inland und Ausland wurde von den Klassikern in die Außenhandelstheorie eingefügt Hierdurch wurde die Handelsbilanztheorie als falsch erwiesen, denn man kann den Vor- oder Nachteil des Außenhandels nicht als Saldo aus der Handels- oder Zahlungsbilanz, sondern nur aus einem Vergleich der Kosten der Produktion und des Außenhandels errechnen.[1])

C. Volkswirtschaftliche und betriebswirtschaftliche Kosten in der freien Marktwirtschaft

1. Wirtschaftsfreiheit und Sozialprodukt.

Das Freihandelsprinzip im weiteren Sinne verlangt vom Staate auf wirtschaftlichem Gebiete eine Beschränkung auf den Schutz der Personen und des Privateigentums und Gewährung völlig freier Betätigungsmöglichkeiten an die Einzelnen und erwartet davon die höchstmögliche Vergrößerung des Sozialproduktes

Unter dem Sozialprodukt, das durch die Wirtschaftsfreiheit vergrößert werden soll, ist der jährliche Anfall an fertigen Konsumgütern zu verstehen; dasselbe ist auch mit dem realen Volkseinkommen gemeint.

Unter anderem geht die gesamte Wirtschaftstheorie von der Voraussetzung aus, daß alle am Wirtschaftsverkehr beteiligten Personen nach ihrem richtig erkannten wirtschaftlichen Vorteil handeln. Die Erfahrung lehrt aber, daß die richtige Erkenntnis des eigenen wirtschaftlichen Vorteils nicht jedem zu jeder Zeit gelingt. Die Menschen sind zahlreichen Irrtümern und Leidenschaften unterworfen, die sie ihren wirklichen Nutzen verkennen lassen. In der freien Marktwirtschaft vermögen geschäftstüchtige Unternehmer dies mittels psychologischer Beeinflussung durch die Reklame zu ihrem Vorteil und zum Nachteil der anderen auszunutzen. [2]) Dieses Argument besagt nichts gegen die Theorie, die natürlich nur unter ihren eigenen, ausdrücklich angegebenen Voraus-

---

1) Vgl. auch: Adolf Weber. Übergangswirtschaft. S. 22.

2) Ausführl behandelt bei Kapp, Planwirtschaft und Außenhandel, Genf, 1936, zitiert nach Enno Bartels, Wirtschaftsrechnungstheorie und sowjetische Wirtschaftsrechn. Finanzarchiv 1944, S. 327.

setzungen gelten kann. Der Wirtschaftspolitiker aber muß solche Irrtumsquellen berücksichtigen, indem er den individuellen Wertungen durch Maßnahmen verschiedener Art Grenzen setzt, über die hinaus ihnen die Wirkung auf die Produktionsrichtung versagt bleibt (Handelsbeschränkungen für Rauschgift, Branntwein- und Tabaksteuern usw.), und indem er einer eigennützigen Reklame durch die Gesetzgebung Zügel anlegt. Dabei darf er allerdings nicht in den Fehler verfallen, anzunehmen, daß er nun **alle** individuellen Bedürfnisse besser beurteilen könne, als die Betroffenen selbst, sondern muß sich auf die Korrektur offenbarer Fehler beschränken. Auch der Wirtschaftspolitiker ist ein Mensch und menschlichen Irrtümern und Fehlern unterworfen.

Auch andere Voraussetzungen in der liberalen Theorie brauchen in der wirklichen Wirtschaft nicht immer erfüllt zu sein, aber es ist hier nicht beabsichtigt, die Anpassung der Theorie an die wirtschaftliche Wirklichkeit in allen ihren Abschnitten ausführlich darzustellen, sondern hier soll lediglich eine weitere Anpassung an die Wirklichkeit insofern vorgeschlagen werden, als die Rechnung nicht auf einen Vergleich der Produktionskosten privater Unternehmer, sondern **auf die volkswirtschaftliche Kostenrechnung,** d. h. auf den Vergleich der volkswirtschaftlichen Kosten vom Standpunkt des Wirtschaftspolitikers eines souveränen Staates aus abgestellt wird. Für die Theorie bedeutet dies nur eine geringe Änderung, sofern der Unterschied zwischen betriebswirtschaftlicher und volkswirtschaftlicher Kostenrechnung anerkannt wird.

Im allgemeinen wird als selbstverständlich angenommen, daß bei freier Marktwirtschaft keine Unterschiede zwischen volkswirtschaftlicher und betriebswirtschaftlicher Kostenrechnung möglich seien. Nach dieser Ansicht ist die „richtige" Rechnung diejenige, die zu den gleichen Preis- und Kostenverhältnissen führt wie die freie Marktwirtschaft. Diesen Standpunkt scheint neuerdings z. B. auch noch Adolf Weber zu vertreten, obwohl er andererseits die Verbesserungsfähigkeit der Marktpreisbildung anerkennt.[1]) Man kann an der Selbstverständlichkeit dieser Gleichstellung aber Zweifel hegen, die sich sehr wohl begründen lassen. Auch bei freier Marktwirtschaft sind die verschiedenartigsten Marktformen möglich. Wir beginnen — wie üblich — mit dem Grenzfall der **vollständigen Konkurrenz** auf allen Märkten. Sie setzt völlige Freiheit des Tausches und Unabhängigkeit des Preises voraus, so daß auf einem Markt für Güter gleicher Art zur gleichen Zeit keine verschiedenen Preise möglich sind. (Gesetz der Unterschiedslosigkeit). Wir setzen voraus, daß auch auf dem Devisenmarkt vollständige Konkurrenz herrscht.

2. Die Begriffe der volkswirtschaftlichen und betriebswirtschaftlichen Kosten.

Nach dem Kostenbegriff der Grenznutzenschule sind die Kosten einer Produktion durch den Nutzen bestimmt, den die für diese Produktion gemachten Aufwendungen an anderer Stelle in der Volkswirtschaft stiften könnten. Dieser Kostenbegriff ist weiter als der von

---

1) Adolf Weber, Übungswirtschaft und Geldordnung. München 1946. S. 32/44.

Gustav Cassel vertretene.[1]) **Gustav Cassel** wollte unter den Kosten des fertigen Produkts den Gesamtpreis aller für seine Herstellung in Anspruch genommenen Produktionsmittel verstehen, die Kosten also rein objektiv als ein Ergebnis des Preisbildungsprozesses auffassen Damit würde man etwas bereits in den Kostenbegriff hineinlegen, was im Folgenden erst für die Marktwirtschaft und die sozialistische Wirtschaft untersucht werden soll, nämlich ob in dem jeweiligen Preisbildungsprozeß alle für diese Produktion irgendwo in der Volkswirtschaft gemachten Aufwendungen ihren Ausdruck finden. Wir wollen von Kosten auch in einer kommunistischen Wirtschaft sprechen können, die überhaupt keine Preisbildung kennt; dafür aber ist jener allgemeine Kostenbegriff besser geeignet. Mit den „Aufwendungen" in obiger Definition sind die Realproduktionskosten gemeint, d.h. die Gesamtheit der erforderlichen Produktionsmittelmengen. Die Größe des Nutzens, den die gemachten Aufwendungen an anderer Stelle in der Volkswirtschaft stiften könnten, hängt ab 1. von der Größe dieser Aufwendungen selbst (von den Realproduktionskosten,) 2. von der Knappheit der Produktionsmittel. Die Knappheit aber als ein Relationsbegriff ist wieder bestimmt a) von der gesamten zur Verfügung stehenden Menge der betreffenden Produktionsmittel, b) von der in Frage kommenden Bedürfnisreihe, d h dem Umfange und der Dringlichkeit der Bedürfnisse, zu deren Befriedigung diese Produktionsmittel an irgend einer Stelle der Volkswirtschaft eingesetzt werden könnten.

Diese kurze Erläuterung der gegebenen Definition zeigt schon, daß gegen diesen Kostenbegriff die Einwendungen nicht erhoben werden können, die Cassel gegen den Kostenbegriff Marshalls vorbringt. Marshall verstehe unter Kosten im realen Sinne nur die Anstrengungen und die Opfer („efforts and sacrifices"), die für die Erzeugung notwendig sind, und unter Geldkosten nur die Preise, die bezahlt werden müssen, um das notwendige Angebot solcher Opfer und Anstrengungen hervorzurufen. Da nur Arbeit und Kapital Produktionsfaktoren seien, die das Ergebnis von Anstrengungen und Opfern darstellten, sei der Preis der Bodenbenutzung von dem Kostenbegriff schon durch seine Definition ausgeschlossen. In der auf diesen Kostenbegriff aufgebauten Preistheorie gehe die Bedeutung der **festen** Begrenzung der zur Verfügung stehenden Produktionsmittel, d. h. das wichtige Prinzip der Knappheit verloren. Es lasse sich „sehr wohl ein Zustand denken, . . . wo das Angebot von Arbeit und Kapital innerhalb gewisser Grenzen von den Preisen der entsprechenden Anstrengungen und Opfer unabhängig ist, und wo die Bodenbenutzung einen wirklichen, auf die Produktionspreise unzweifelhaft einwirkenden Knappheitspreis hat".[2])

Da — wie erläutert — die Größe des Nutzens, den die Aufwendungen an einer anderen Stelle in der Volkswirtschaft stiften könnten, u a. auch von der relativen Knappheit der erforderlichen Produktionsmittel ab-

[1]) Gustav Cassel. Theoretische Sozialökonomie. 2. Auflage. C. F. Wintersche Verlagshandlung. Leipzig 1921. S. 75 und 144.
[2]) Gustav Cassel. Theoretische Sozialökonomie. S. 145.

hängig ist, ist die oben gegebene Definition diesen Einwänden nicht ausgesetzt. Sie ist aber auch insofern der Casselschen Definition vorzuziehen, als sie den Kostenbegriff bis auf eine psychologische Größe, den Nutzen, zurückführt, was zu einer vollständigen Erklärung der Entscheidungen erforderlich ist, die von den Wirtschaftssubjekten getroffen werden.

Wir müssen dabei zwischen den volkswirtschaftlichen Kosten einer Produktion unterscheiden, die den gesamten Aufwendungen entsprechen, welche zur Erlangung des Produktes an irgend einer Stelle in der Volkswirtschaft gemacht werden müssen, und den betriebswirtschaftlichen Kosten, die nur die Aufwendungen des das Produkt herstellenden Betriebes umfassen. Der Gedanke, zwischen den Kosten des Unternehmers und den Kosten der Volkswirtschaft zu unterscheiden, ist keineswegs neu. Beispielsweise hat schon **Lexis**[1]) zur Rechtfertigung des Kapitalgewinns in der Verkehrswirtschaft darauf hingewiesen, daß in der Zentralverwaltungswirtschaft („im kommunistischen Staat") eine besondere Verwaltungsorganisation bestehen müsse, „die die Aufgabe hätte zu bestimmen, was und wieviel von jeder Güterart zu produzieren sei, wo und unter welchen Umständen dies geschehen solle, und die zugleich für die Verteilung der nötigen Arbeitskräfte und Hilfsmittel auf die verschiedenen Produktionsbetriebe zu sorgen hätte Dieser Verwaltungsapparat würde ein großes Personal erfordern, dessen Unterhalt einen beträchtlichen Teil des Produktionsertrages der kommunistischen Gesellschaft in Anspruch nehmen würde. Die Stelle dieses Aufwandes nimmt in der bestehenden Gesellschaftsordnung der Kapitalgewinn ein.

Daß hier sogar der Kapitalgewinn des Unternehmers als ein Kostenfaktor der sozialen Organisation betrachtet wird, zeigt sehr deutlich, daß volkswirtschaftliche Kosten auch etwas ganz anderes sind als die Produktionskosten, wie sie von der theoretischen Volkswirtschaftslehre in der Lehre von der Produktionswirtschaft und der Preislehre behandelt werden. Beispielsweise definiert **Stackelberg**[2]) die Gesamtkosten als den Wert der gesamten in der Zeiteinheit vorgenommenen produktiven Aufwendungen eines Betriebes. Auch die Definition der anderen von ihm gebrauchten Kostenbegriffe, der „konstanten Kosten", „variablen Kosten", „Grenzkosten" usw beziehen sich immer nur auf die Aufwendungen des Betriebes, ohne daß die Frage aufgeworfen wird, ob sich diese Kosten mit denen decken, die die Volkswirtschaft als Ganzes und den Wirtschaftspolitiker interessieren Dementsprechend deckt sich die Definition Stackelbergs inhaltlich mit der von Schmalenbach gegebenen Begriffsbestimmung. Schmalenbach versteht unter Kosten „einen durch Erzeugung, Vertrieb und durch andere wirtschaftliche Leistungen verursachten Güterverzehr",[3]) wobei es selbstverständlich ist, daß Schmalenbach als Betriebswirtschaftler nur an die Aufwendungen des betreffenden Einzelbetriebes denkt. Alle diese Kostenbegriffe gehören unter den

1) Lexis. Artikel „Zins" im Wörterbuch der Volkswirtschaft. 3. Aufl. 1911.
2) Heinrich Freiherr von Stackelberg. Grundzüge der theoretischen Volkswirtschaftslehre. Stuttgart u. Berlin 1943. S. 53.
3) Schmalenbach. Grundlagen der Selbstkostenrechnung und Preispolitik. Leipzig 1927. S. 8.

gemeinsamen Oberbegriff **„betriebswirtschaftliche Kosten"** und können als solche selbstverständlich auch von der theoretischen Volkswirtschaftslehre zur Erklärung aller der wirtschaftlichen Vorgänge herangezogen werden, bei denen es auf · Pläne und Entscheidungen des einzelnen Unternehmers ankommt. Die auf ihnen aufgebauten „Wirtschaftsgesetze" gelten dann auch nur unter entsprechenden Voraussetzungen und bedürfen erheblicher Korrekturen, sobald die tatsächliche Planung und Entscheidung dem Einzelnen abgenommen und auf den Wirtschaftspolitiker übertragen wird. Auch Schmalenbach weist schon darauf hin, daß es mit Bezug auf die Art der Kostenansetzung, insbesondere hinsichtlich der Bewertung, verschiedene Möglichkeiten gibt, zwischen denen wir jewells zu wählen haben. Einer der wichtigsten Unterschiede der Betrachtung, die die Bewertung beeinflussen können, ist eben der Unterschied zwischen volkswirtschaftlicher und betriebswirtschaftlicher Betrachtung. Die Bewertung der Aufwendungen und Erträge einer Produktion kann vom Standpunkt des Unternehmers gesehen zu ganz anderen Ergebnissen führen, als wenn sie vom Standpunkt des Wirtschaftspolitikers im Hinblick auf die gesamte Volkswirtschaft vorgenommen wird.

Auf dem Wege vom Rohstoff bis zum Fertigerzeugnis und zum letzten Verbraucher wandert fast jede Ware durch eine ganze Reihe von Händen. Hierbei verwandelt sich der Unternehmergewinn jeder Stufe auf der nächsthöheren Stufe in einen Teil der Kosten dieser höheren Stufe, da er im Preise mitbezahlt wird. Den Wirtschaftspolitiker wird dann häufig nur der Preis interessieren, den der letzte Verbraucher der betreffenden Ware zu zahlen hat, in dem aber die Unternehmergewinne einer ganzen Anzahl früherer Produktions- oder Handelsstufen darinstecken. So kann u. U. durchaus der Unternehmergewinn aller Stufen bis zum Verbraucher als volkswirtschaftlicher Kostenfaktor erscheinen, obschon er betriebswirtschaftlich die Differenz zwischen betriebswirtschaftlichen Kosten und Preis ist. Dies wird uns unten im Zusammenhang mit dem Einfuhrrisiko noch beschäftigen In anderem Zusammenhang aber ist es auch denkbar, daß der Wirtschaftspolitiker an einer genügenden Höhe der Unternehmergewinne interessiert ist, beispielsweise damit durch private Initiative der Unternehmer eine wirtschaftliche Stockung überwunden wird. In diesem Falle muß auch er sich vom betriebswirtschaftlichen Kostenbegriff leiten lassen, um beim gegebenen Preisstand die Gewinnchance des einzelnen Unternehmers erkennen zu können. Der eine Kostenbegriff schließt somit die Berechtigung des anderen nicht aus.

John Maurice Clark hat schon 1924 geschrieben, die Gesellschaft entbehre schon lange ein System „gesellschaftlicher Rechnung" im Unterschied von der Betriebsrechnung.[1])

Innerhalb der volkswirtschaftlichen Kosten können wir dann zweckmäßiger Weise weiter unterscheiden zwischen den **volkswirtschaftlichen**

1) John Maurice Clark. The Socializing of Theoretical Economics in „The Trend of Economic S. 72 ff. bes. S. 94—95.

Sonderkosten einer Produktion und ihren **volkswirtschaftlichen Gemeinkosten.** Mit dieser Unterscheidung tragen wir der Tatsache Rechnung, daß sich nur ein Teil derjenigen Kosten, die der Volkswirtschaft durch die Tätigkeit eines einzelnen Unternehmers entstehen, rechnerisch erfassen und dieser bestimmten Produktion eben als deren volkswirtschaftliche Sonderkosten zuschreiben lassen. Zu ihnen muß, um die volkswirtschaftlichen Gesamtkosten zu erhalten, ein nach wirtschaftlichen Gesichtspunkten bemessener Anteil an der Gesamtheit derjenigen Kosten hinzugerechnet werden, die der Volkswirtschaft als Ganzes entstehen, ohne daß man sie zu Lasten eines bestimmten Produktionszweiges als dessen volkswirtschaftliche Sonderkosten ansetzen könnte.

Was den Ausdruck **„volkswirtschaftliche Gemeinkosten"** angeht, so spricht schon **Sölter**[1]) von den „Gemeinkosten", die im Großraum durch die Staats- und Verwaltungsapparate der Teilräume entstehen. **Vleugels** andererseits erwähnt den Unterschied zwischen den sich bei freiem Verkehr bildenden erwerbswirtschaftlichen Kosten und den „volkswirtschaftlichen Kosten".[2] **Haberler** spricht von der Verbundenheit einer einheitlichen Volkswirtschaft durch gemeinsame Generalunkosten, zu denen man die Kosten der Staatsverwaltung rechnen könne[3]) Neuerdings gebraucht auch Adolf Weber geradezu den Ausdruck „volkswirtschaftliche Kosten".[4]) **Kapp** stellt im Anschluß an **v. Wieser** den „individuellen Wertschätzungen" „gesellschaftliche Wertschätzungen" gegenüber. U. a. begründet er dies damit, wenn sich **nur** die individuellen Wertschätzungen auswirken könnten, würden der Gesellschaft Schädigungen zugefügt, die in den Marktpreisen nicht zum Ausdruck kämen, weil sie — wie **Kapp** annimmt — nicht Gegenstand subjektiver Wertschätzungen sind. Folgende schon von **Pigou** dargestellten Erscheinungen werden als Beispiel genannt: „Störungen der Volksgesundheit" durch eine privatwirtschaftlich zwar rentable, aber schädliche Produktion, „Steigerung der Kriminalität", Berufskrankheiten und ferner auch „übermäßige Entwicklung von Rauch in Industriezentren", auf dessen Konto beträchtliche Schädigungen von Menschen, Kleidung usw. kommen; oder auch: privatwirtschaftlich lohnende Investitionen im Ausland können zu kriegerischen Auseinandersetzungen führen und so von der Gesellschaft gesehen höchst „unwirtschaftlich" sein.[5]) Daß diese Schädigungen deshalb in den Marktpreisen nicht zum Ausdruck kommen, weil sie nicht Gegenstand subjektiver Wertschätzungen sind, ist nicht richtig. Zum Teil liegt es vielmehr daran, daß es sich um Güter handelt, deren subjektive Wertschätzung keinen zahlenmäßigen Ausdruck in Geld gestattet, weil sie in keiner Wirtschaftsordnung für Geld allein erworben werden können (die eigene Gesundheit oder das strafrechtlich einwandfreie Verhalten der Mitmenschen). Auf diese Grenzen der Geldrechnung

---

1) Arno Sölter. Das Großraumkartell. Dresden 1941. S. 48.
2) Vleugels in Schriften der Akademie für Deutsches Recht, Gruppe Wirtschaftswissenschaft Nr. 1.
3) Gottfried Haberler. Der internationale Handel. Enzyklopädie der Rechts- und Staatswissenschaft. X L I. Julius Springer. Berlin 1933, S. 6.
4) Adolf Weber. Übergangswirtschaft. S. XII, 32, 44.
5) K. W. Kapp. Planwirtschaft und Außenhandel. Genf 1936, S. 41/42, zitiert nach Enno Bartels Finanzarchiv 1944, S. 327.

hat selbst Mises schon hingewiesen,[1]) sie bestände auch, wenn man von gesellschaftlichen Wertschätzungen ausginge, statt von individuellen Bei den übrigen Schädigungen, die einen Geldausdruck gestatten, etwa Schädigungen an Kleidern durch Rauch, Aufwendungen für Heilmittel zur Wiederherstellung der durch jene Verfahren geschädigten Volksgesundheit, Aufwendungen zum Schutze gegen die gesteigerte Kriminalität, Kriegskosten usw. handelt es sich um gute Beispiele für volkswirtschaftliche Kosten. Sie sind selbstverständlich alle Gegenstand der subjektiven Wertschätzung der davon Betroffenen. In der Marktpreisbildung finden sie keinen Ausdruck, weil Personen geschädigt werden, die auf die Entscheidung über Durchführung oder Unterlassung der Produktion keinen Einfluß haben, und weil diese Personen auch keine Ersatzansprüche gegen den Unternehmer geltend machen können. Im Gegensatz zur betriebswirtschaftlichen Kostenrechnung in der freien Marktwirtschaft muß eine volkswirtschaftliche Kostenrechnung alle diese Posten berücksichtigen.

Jede Wirtschaftsrechnung muß von bestimmten Tatsachen ausgehen, die von dem Rechnenden als unveränderlich und von seinem Willen unabhängig angesehen werden. Wir bezeichnen diese Tatsachen mit **Eucken**[2]) als die „Daten" dieser Rechnung. Sehr viele Tatsachen, die für den Unternehmer in diesem Sinne Daten sind, sind es nicht für den Wirtschaftspolitiker, da diesem erweiterte Möglichkeiten zur Beeinflussung von Tatbeständen gegeben sind, die auf den Wirtschaftsablauf einwirken.

Nicklisch[3]) bildet einen noch engeren Begriff als **Schmalenbach** und **von Stackelberg** und beschränkt den Begriff der Kosten auf die „Ausgaben für Stoffwerte einschließlich des Leistungswertes aus fremden Betrieben". Unter Leistungswert versteht er den Verbrauch von Arbeitskräften, körperlichen und geistigen, d. h. der Leistungswert von Arbeit im eigenen Betrieb gehört nach Nicklisch nicht zu den Kosten. Die Ausgaben für diesen (Löhne, Gehälter) sind für ihn im voraus verausgabte Anteile am Ertrag. Neuerdings vermeidet er überhaupt das Wort „Kosten". Eine solche Vermischung des Kostenproblems mit dem Ertragsproblem ist sehr unzweckmäßig, da jedes Einkommen, das einem bestimmten Produktionsfaktor zugerechnet wird und dem Verfügungsberechtigten zufließt, gleichzeitig Kostenbestandteil und Ertragsteil ist. Dies ist also keine Besonderheit, die etwa dem Leistungswert der Arbeit im eigenen Betriebe zukäme.

Auch **Manoilesco** rechnet die Arbeit nicht zu den im Produktionsprozeß verbrauchten Werten,[4]) da die Arbeit, welche ein Arbeiter vollbringen kann, ein virtueller und potentieller Wert sei, der nur durch das Vorhandensein einer Unternehmung in einen reellen Wert umgewandelt werden könne. Erst eine Unternehmung schaffe durch ihr Vorhanden-

---

1) Mises. a. a. O. S. 102/4.
2) Walter Eucken. Die Grundlagen der Nationalökonomie. Jena 1940.
3) Nicklisch, nach J. Hellauer. Kalkulation in Handel und Industrie. Berlin, Wien 1931. S. 28.
4) Mihail Manoilesco. Die nationalen Produktivkräfte und der Außenhandel. Junker und Dünnhaupt Verlag, Berlin 1937. S. 50 und 51.

sein eine Arbeitsgelegenheit und durch ihre besondere Beschaffenheit Gelegenheit für eine bestimmte Arbeit. Dieser Grund verliert in der vollbeschäftigten Wirtschaft seine Bedeutung, weil in ihr sämtliche Arbeitskräfte knapp sind, besonders aber die höher qualifizierten. In einer Wirtschaft mit zahlreichen Arbeitslosen liegt es näher, so zu rechnen wie Manoilesco, aber dies würde sich in dem Augenblick rächen, in dem die Vollbeschäftigung erreicht ist.

Die Tatsache, daß Löhne und Gehälter den Teil des Volkseinkommens darstellen, der der nicht selbständigen, arbeitenden Bevölkerung zufließt, darf uns nicht daran hindern, sie in unserem Zusammenhang als Kosten einzusetzen, denn die Arbeitskraft der Bevölkerung ist die wichtigste Reichtumsquelle des Landes, und mit ihr muß besonders sinnvoll und sparsam gewirtschaftet werden. Der Geldausdruck für die Seltenheit und den Wert dieser Arbeit ist der Geldlohn. Daher müssen die Löhne und Gehälter auch bei volkswirtschaftlicher Betrachtungsweise als Kosten eingesetzt werden.

Die volkswirtschaftliche Notwendigkeit der Sparsamkeit mit dem Kostenfaktor Lohn braucht nicht mit der politischen Notwendigkeit in Widerspruch zu stehen, wegen der Eigenschaft des Lohnes als wichtigster Einkommensart möglichst hohe Löhne zu erstreben, denn ein hohes reales Lohneinkommen des Einzelnen ist auf die Dauer nur möglich, wenn durch zweckmäßigsten Einsatz der Arbeitskräfte in jedem Produktionszweig die gesamte Lohnsumme als Kostenfaktor möglichst niedrig gehalten wird. Für die sozialen Aufwendungen gelten z. T besondere Erwägungen, und zwar hinsichtlich der Arbeitslosenversicherung, die uns weiter unten noch beschäftigen werden. Im übrigen sind auch sie mit gewissen Ausnahmen letzten Endes zu der Gesamtsumme des Arbeitsentgelts hinzuzurechnen.

Es ist fernerhin durchaus denkbar, daß durch ein Ereignis auf dem Weltmarkt einem einzelnen Inländer höhere Kosten bzw Erlöse entstehen, anderen dagegen durch dasselbe Ereignis niedrigere. Dann interessieren nicht die Veränderungen der Kosten für den Einzelnen, sondern ihr Gesamtergebnis in der Volkswirtschaft. Weicht dieses Gesamtergebnis von der Rechnung desjenigen Einzelunternehmers ab, der praktisch über Einfuhr bzw. Ausfuhr entscheidet, dann eben liegt ein Unterschied zwischen volkswirtschaftlicher und betriebswirtschaftlicher Rechenweise vor. Derartige Ereignisse können zum Beispiel Veränderungen des Preisniveaus auf den Auslandsmärkten oder der internationalen Wechselkurse sein. Die Wirkungen einer solchen Veränderung auf die betriebswirtschaftlichen Kosten können sich in der Volkswirtschaft aufheben oder verstärken Die volkswirtschaftlichen Kosten können sich also anders verhalten als die betriebswirtschaftlichen. Den Wirtschaftspolitiker interessieren bei solchen Abweichungen nur die volkswirtschaftlichen Kosten.

Wie weit bestehen nun in der freien Marktwirtschaft Abweichungen zwischen der betriebswirtschaftlichen Rechnung des Unternehmers und einer richtigen volkswirtschaftlichen Rechnung?

3. Die Ausschließung jeder zahlungsunfähigen Nachfrage.

Wie **Vleugels** [1]) nachgewiesen hat, ist auch unter den als „ideal" angesehenen Bedingungen der freien Marktwirtschaft mit vollständiger Konkurrenz oft eine volkswirtschaftlich dringliche Nachfrage aus zwei Gründen zur Unwirksamkeit verurteilt: 1 allgemein, weil sich ... der freie Preis rein mechanisch unabhängig von der Gemeinschaftsbedeutung eines Bedarfs bildet, und 2. wegen der verschiedenen Verteilung der Kaufmittel Oft siegt im Wirtschaftskampf bei freiem Wettbewerb nicht derjenige, der sich in seinem Verhalten auch nach den Belangen der Volksgemeinschaft ausrichtet, sondern der Skrupelloseste. Durch den sittlich blinden Marktmechanismus werden unter den genannten Voraussetzungen zwar bestimmte Preise ausgewählt, aber es ist nicht notwendig, daß sich die Volkswirtschaft mit diesen Preisen abfinden muß, weil die Auswahl nichts Vollkommenes darstellt und nicht einmal die Bedürfnisse zuerst befriedigt werden, die von den Einzelnen am dringlichsten empfunden werden, erst recht jedoch nicht die gemeinschaftswichtigsten Bedürfnisse.

Bezeichnend für die volkswirtschaftlich unerwünschte Wirkung der verschiedenen Verteilung der Kaufmittel bei offener Konkurrenz ist das Beispiel, das **Vleugels** von **Böhm-Bawerk** übernommen hat. Böhm-Bawerk hatte als erster bewiesen, daß der „freie Wettbewerb" nicht zu der für das Volkswohl günstigsten Verteilung zu führen braucht. „Wir versetzen uns mit Böhm-Bawerk im Geiste auf einen Markt, auf dem sich eine Reihe von Landwirten (wohlhabenden Gutsbesitzern wie kleinen Bauern) mit Pferden zu versorgen sucht, wobei der Einfachheit halber angenommen wird, daß alle zum Angebot gelangenden Pferde von völlig gleicher Beschaffenheit wären Böhm zeigt nun, wie es geschehen kann, daß durch das Mitwirken der wohlhabenden, stärker mit Tauschmitteln ausgerüsteten Kauflustigen der Preis so in die Höhe getrieben werden kann, daß er für die ärmeren Kauflustigen unerschwinglich wird. Nun kann es sehr wohl sein, daß sich unter den Wohlhabenden ein Kauflustiger befindet, der bereits hinreichend Pferde für seinen Gutsbetrieb besitzt, so daß sie ausreichen, auch in Zeiten stärkster Beanspruchung allen Anforderungen seines Betriebes zu genügen Doch mag es sich gezeigt haben, daß gerade auch in den Zeiten, in denen für die Zwecke des Betriebes alle Pferde benötigt werden, etwa von der Frau des Hauses oder sonstigen Familienmitgliedern der Wunsch geltend gemacht wird, mit dem Landauer in die nahe Stadt zu fahren, was um nicht gerade individuell und erst recht nicht volkswirtschaftlich wichtiger Bedürfnisse willen zu geschehen braucht. Aber wir nehmen an, der Gutsbesitzer schätze aus seiner Wohlhabenheit heraus die Geldeinheit so relativ gering, daß er es sich leisten kann, auch für solche wenig wichtigen Fälle seinen Pferdebestand zu bereichern, und daß er eben hierzu mit einem relativ hohen Angebot auf dem gedachten Markte erscheint, auf dem sich auch ein armer Teufel von Bauer eingefunden hat, der zur

1) Vleugels in Schriften der Akademie für Deutsches Recht, Gruppe Wirtschaftswissenschaft. Nr. Der gerechte Preis. Berlin 1940. S. 43 ff, bes. S. 49 und 50.

Bewirtschaftung seines Hofes ein einziges Pferd, dieses freilich recht dringend, begehrt; angesichts seiner bescheidenen Versorgung mit irdischen Glücksgütern steht für den kleinen Bauern der Nutzen der Geldeinheit sehr hoch; sein äußerstes Preisangebot kann daher trotz einer — individuell wie gemeinschaftlich gesehen — viel höheren Wichtigkeit der Zwecke, denen das Pferd dienen soll, weit hinter der äußersten Preiswilligkeit des Wohlhabenden zurückbleiben. Je nach der Gesamtsituation des Marktes wird dann durch die Konkurrenz des Reichen der Wettbewerbspreis so in die Höhe getrieben, daß der arme Bauer nicht zum Zuge kommt und als „ausgeschlossener Tauschbewerber" ohne dies dringlich begehrte Pferd vom Markte abziehen muß."

Solche Fälle sind unter den geschilderten Voraussetzungen jederzeit möglich, weil die Preisbildung nur von den subjektiven Wertschätzungen der Einzelnen abhängt und gleichsam deren Schnittpunkt darstellt. Bei der Verschiedenheit der Ausstattung der Einzelnen mit Kaufmitteln tritt immer wieder der Fall ein, daß dieselbe Menge dieser Mittel von den Reicheren einem auch subjektiv, erst recht aber von den Gemeinschaftsbelangen her gesehen, viel weniger dringlichen Bedürfnisse wertmäßig gleichgesetzt wird, als von den Ärmeren. In einer solchen Wirtschaft kann nur für diejenigen Verbraucher rentabel erzeugt werden, die über das entsprechende Einkommen verfügen. „Nicht nur wenn dringende **(eigene)** Bedürfnisse, sondern auch wenn stärkere **(fremde)** Kaufkraft (zu Bedürfnissen **aller** Art) vorgeht, bleibt die Bedarfsdeckung aus." [1]) Wenn Reichtum eine Folge höherer Leistungen ist, wie dies für die Zukunft angestrebt wird, ist die geschilderte Folge der vollständigen Konkurrenz als Belohnung für frühere Leistungen in ruhigen Zeiten gerecht, nicht aber in Notzeiten, in denen für die Ärmeren von dieser Entscheidung Tod und Leben abhängen kann. Als Beispiel hierfür nennt **Vleugels** den Fall der Ausfuhr von Brotgetreide zu Luxuszwecken in Hungerjahren.

Gehen wir von einem Gleichgewichtszustande aus, bei dem Produktion und Preise so sind, daß der lebensnotwendige Bedarf Aller ausreichend gedeckt werden kann. Jetzt trete bei gleichbleibender Technik durch ein außerwirtschaftliches Ereignis, beispielsweise einen Krieg, eine sehr starke Verminderung der Weltproduktion aller lebenswichtigen Güter, insbesondere der Nahrungsmittel ein. Bei der geringen Preiselastizität der Nachfrage nach diesen Gütern wird die Folge ein sehr starkes Anziehen der Preise für diese Güter sein. Bei gleichbleibenden Geldeinkommen und Geldvermögen im Inland wird der ärmere Teil der Bevölkerung, der kein Vermögen und nur ein geringes Einkommen besitzt, alle seine Ausgaben bis auf den allernotwendigsten Nahrungsbedarf einschränken und auch diesen nur mit den verhältnismäßig billigsten Nahrungsmitteln zu befriedigen suchen. Dauert die Störung an, so tritt der Zeitpunkt ein wo der Teil der Bevölkerung, der das geringste Einkommen hat, ver-

---

1) Max Weber. Wirtschaft und Gesellschaft. Grundriß der Sozialökonomik III. Abtlg. .C. B. Mohr (Paul Siebeck) Tübingen 1922. S. 49.

hungert, die besser Gestellten hungern und die Vermögenden zwar noch satt werden, ihre Nahrungsaufnahme aber nicht mehr mit ihrem Geldeinkommen, sondern durch Verbrauch ihres Geldvermögens finanzieren Nehmen wir an, in diesem Augenblick werde der Friede geschlossen und Produktion und Absatz könnten sich in der ganzen Welt auf Grund des Friedensschlusses bei Freihandel nach rein wirtschaftlichen Gesichtspunkten entwickeln. Die Nachfrage nach Nahrungsmitteln würde bis zur nächsten Ernte durch den Hungertod eines Teils der Bevölkerung sinken Die Kurve der Todesfälle durch Hunger- und Mangelkrankheiten würde kurz vor der Ernte einen Höhepunkt zeigen, weil dann an vielen Stellen die letzten Vorräte zu früh zu Ende gehen, nach der Ernte stark absinken und einige Monate später wieder zu steigen beginnen. Durch das starke Ansteigen der Agrarpreise wird die Produktion von Agrarerzeugnissen auf schlechteren Böden und unter Aufwendung von mehr Kapital und Arbeit, zugleich bei steigenden Landarbeiterlöhnen und steigendem Zinsangebot für in der landwirtschaftlichen Produktion anzulegendes Leihkapital lohnend. Die Produktion an landwirtschaftlichen Erzeugnissen steigt. Endlich wird durch das Sinken der Nachfrage und das Steigen des Angebots an Agrarerzeugnissen das Gleichgewicht wiederhergestellt, so daß alle, die noch leben, wieder satt werden Auf lange Sicht ist also alles in bester Ordnung, nur auf kurze Sicht sind einige, vielleicht Millionen Menschen verhungert. Ist eine Wirtschaftsrechnung, die zu diesem Ergebnis führt, volkswirtschaftlich richtig, wenn man bedenkt, daß bei gleichmäßigem Verbrauch der Lebensmittel durch Reiche und Arme nur ein Bruchteil der tatsächlich erreichten Zahl verhungert wäre?

Gegen diese Auffassung, daß wegen der verschiedenen Ausstattung der einzelnen Wirtschaftssubjekte mit Geld die Wirtschaftsrechnung bei vollständiger Konkurrenz auf allen Märkten nicht unter allen Umständen zu einem wirtschaftspolitisch erwünschten Ergebnis führe, könnte man 1 einwenden, hierbei handele es sich nicht um eine Frage der Wirtschaftsrechnung, sondern um eine Frage der Verteilung, und 2 werde dadurch nicht die Größe des Sozialproduktes beeinflußt. Es sei eine sozialpolitische, keine wirtschaftliche Einwendung, und diese habe in einer Untersuchung über die Wirtschaftsrechnung keinen Platz Wir haben aber 1. bereits in der Einleitung darauf hingewiesen, daß eine wirtschaftspolitische Untersuchung die Beziehungen ihres Gegenstandes zu allen allgemein anerkannten politischen Zielsetzungen beleuchten muß, um zu praktisch brauchbaren Ergebnissen zu kommen; 2. erfolgt ferner die Steuerung der Verteilung in der freien Marktwirtschaft durch die Wirtschaftsrechnung der Unternehmer und Konsumenten, so daß hier der Zusammenhang der Probleme ohne weiteres gegeben ist, 3. läßt sich die A b h ä n g i g k e i t zwar nicht der Größe des Sozialproduktes selbst, aber d e s G e s a m t n u t z e n s e i n e s g e g e b e n e n S o z i a l p r o d u k t e s v o n s e i n e r V e r t e i l u n g nachweisen

Je größer die Menge eines Gutes ist, die einem Menschen zur Konsumtion in einem bestimmten Zeitraum zur Verfügung steht, desto geringer ist der Nutzen, den ihm die letzte konsumierte Mengeneinheit dieses Gutes gewährt. Den Nutzen der letzten konsumierten Mengeneinheit eines Gutes nennen wir seinen **Grenznutzen.** Stehen einem Menschen von allen Arten der von ihm begehrten Güter verhältnismäßig große Mengen zur Verfügung, so sagt man von ihm, er lebe auf einem hohen **Versorgungsniveau.** Je höher das Versorgungsniveau, desto geringer also die Nutzen der letzten von ihm konsumierten Gütereinheiten für ihn.

Es ist nun Aufgabe der Volkswirtschaft, den Nutzen für alle einzelnen Wirtschaftssubjekte zu einem **Optimum** zu machen Indem dieses Ziel erreicht wird, wird zugleich der Gesamtnutzen des jährlichen Anfalles an fertigen Konsumgütern, der Gesamtnutzen des Sozialproduktes, zu einem Optimum. Der **Gesamtnutzen des Sozialproduktes** ist 1 von seiner absoluten Größe abhängig, weshalb eine richtige Wirtschaftsrechnung die Knappheit der Produktionsfaktoren richtig zum Ausdruck bringen muß, weil dies die Bedingung ihrer zweckmäßigsten Verwendung ist. Die Folge einer solchen Wirtschaftsrechnung ist u. a. die Verschiedenheit der Konsumeinkommen je nach dem produktiven Beitrag der Einkommenbezieher 2. ist der Gesamtnutzen des Sozialproduktes aus folgenden Gründen von seiner Verteilung abhängig

Wenn ein gegebenes Sozialprodukt ungleichmäßig verteilt wird, so daß einzelne Menschen einen größeren, andere nur einen kleineren Anteil erhalten, so werden die Grenznutzen bei dem Reichen gering, bei dem Armen aber hoch sein. Würde man die Grenzeinheit eines Gutes einem Reichen wegnehmen und einem Armen geben, so würde der von ihr gestiftete Nutzen größer werden Dies ließe sich solange fortsetzen, bis alle Menschen den gleichen persönlichen Gesamtnutzen erreichen, oder — was dasselbe ist — bis die Versorgungsniveaus aller Wirtschaftssubjekte gleich sind. Wir können also sagen, *der Gesamtnutzen eines gegebenen Sozialproduktes ist am größten, wenn es so gleichmäßig auf alle Wirtschaftssubjekte verteilt wird, daß deren Versorgungsniveaus gleich sind.*

Die ungleiche Verteilung aber wird in der freien Marktwirtschaft durch die Ungleichheit der Konsumeinkommen und durch die Wirtschaftsrechnung gesteuert.

Die beiden Bedingungen einer richtigen Wirtschaftsrechnung stehen also miteinander im Widerspruch einerseits setzt die Erreichung eines maximalen Gesamtnutzens bei gegebenem Sozialprodukt gleiche Konsumeinkommen voraus, andererseits ist ein maximales Sozialprodukt selbst nur bei ungleichen Konsumeinkommen erreichbar, mit seinem Sinken aber geht natürlich auch eine Tendenz zur Senkung seines Gesamtnutzens einher. Wird daher die Ungleichheit der Konsumeinkommen durch die Wirtschaftspolitik vermindert — wie dies z. B schon durch die Progression der Einkommensteuer geschieht — so schneidet sich die Linie des sinkenden Gesamtnutzens durch Sinken des Sozialproduktes selbst mit der Linie des steigenden Gesamtnutzens durch gleichmäßigere Verteilung im **Optimum des Gesamtnutzens,** das zugleich das **Optimum des Sozialproduktes** bezeichnet. Ohne Eingreifen der Wirtschaftspolitik dagegen steigt das Sozialprodukt über sein Optimum hinaus bis zum Maximum unter gleichzeitigem Sinken des Gesamtnutzens

Die hier beschriebenen Zusammenhänge hat **Kapp** mit Recht als Argumente gegen die Richtigkeit einer Wirtschaftsrechnung verwendet, die **allein** auf die individuellen Wertschätzungen in ihrer zufälligen jeweiligen Gestalt aufgebaut ist[1]). Wenn er den individuellen Wertschätzungen einen besonderen **„gesellschaftlichen Wert"** gegenüberstellt, so kann dies als eine **abgekürzte Ausdrucksweise** nützlich sein, aber wir müssen uns immer bewußt bleiben, daß niemals die Gesellschaft oder Gemeinschaft selbst wertet, sondern immer nur ein Individuum, entweder für sich allein (freie Marktwirtschaft) oder auch für einzelne andere oder die Gemeinschaft aller Einzelnen In jedem einzelnen Falle einer Abweichung von individuellem und gesellschaftlichem Wert kann es notwendig sein zu erklären, wessen Nutzen gemeint ist und in welcher Beziehung. Der Nachweis, warum der Gesamtnutzen des Sozialprodukts von der Art seiner Verteilung abhängt, ist also eine genauere Darstellung der Zusammenhänge, als der bloße Hinweis, daß in den geschilderten Fällen gesellschaftlicher und individueller Wert von einander abweichen können. **Im selben Sinne wie der „gesellschaftliche Wert" nur ein abgekürzter Ausdruck für das Ergebnis des Zusammenwirkens aller Wertschätzungen in der Gesellschaft ist, ebenso sind auch die volkswirtschaftlichen Kosten nur ein abgekürzter Ausdruck für die Gesamtheit der Kosten aller einzelnen, zur Volkswirtschaft gehörenden Wirtschaftssubjekte,** aber beide Begriffe erfüllen durch diese Abkürzung eine nützliche Aufgabe.

4. Stabile Währung als Voraussetzung richtiger Kostenrechnung.

Voraussetzung jeder richtigen Kostenrechnung in der Geldwirtschaft ist ein beständiger Geldwert, gleichgültig ob es sich um eine betriebswirtschaftliche oder volkswirtschaftliche Kostenrechnung handelt In die Kostenrechnung werden die Kostengüter mit ihren Geldpreisen zur Zeit ihrer Beschaffung eingesetzt. Dem werden die Geldpreise der Erzeugnisse zur Zeit des Verkaufs gegenübergestellt. Die Differenz ergibt den Gewinn oder Verlust aus der Produktion. Ist der Geldwert im Laufe der Erzeugungsdauer gesunken, so kann sich rechnerisch ein Gewinn ergeben, obwohl die Kaufkraft des erzielten Erlöses am Umsatztage nur gerade die Wiederbeschaffung der verkauften Güter ermöglicht oder auch das noch nicht einmal. Umgekehrt ergibt sich bei steigendem Geldwert u. U. ein nominaler Verlust, obwohl der Erlös nicht nur die Wiederbeschaffung der Kostengüter ermöglicht, sondern an den Wiederbeschaffungskosten gemessen möglicherweise noch ein Gewinn entsteht. Bei Geldwertschwankungen muß mithin die rein nominale Kostenrechnung durch Berücksichtigung der Geldwertänderung berichtigt werden.

Auf die Einzelheiten wollen wir jedoch erst an späterer Stelle ein-

[1]) K. W. Kapp. Planwirtschaft und Außenhandel. Zitiert nach Bartels. Finanzarchiv. Tübingen 1944. S. 314 ff.

gehen, weil wir hier ja die freie Marktwirtschaft behandeln, zu deren System nur eine Währungspolitik paßt, die alle Geldwertschwankungen nach Möglichkeit ausschließt. Die freie Marktwirtschaft ist das Wirtschaftssystem des Wirtschaftsliberalismus, der mehr oder weniger von dem Gedanken des Kreislaufs ausgeht und von der Wirtschaftspolitik nicht positive Eingriffe in diesen Kreislauf erwartet, sondern im Gegenteil Maßnahmen, die ihn vor dem Einfluß kreislauffremder Ursachen schützen und dadurch dem der Wirtschaft nach dieser Anschauung innewohnenden Streben nach harmonischem Ausgleich zum Siege verhelfen. Zu den kreislauffremden Einflüssen in diesem Sinne gehört aber auch eine Veränderung der Einkommens- und Kaufkraftverhältnisse durch Geldschöpfung oder Geldvernichtung der Zentralbank Wir werden also hierauf bei Erörterung des Wirtschaftssystems der indirekten Wirtschaftslenkung zurückkommen, zu deren typischen Mitteln eine aktive Währungspolitik gehört.

5. Die Industriekonjunktur — ein Rechenfehler.

Immerhin wird der Leser aber doch auch schon an dieser Stelle sehen können, was die Fehlrechnungen bei Schwankungen des Geldwertes verursacht, da wir hier noch auf eine andere Art von Veränderungen des Preisniveaus eingehen müssen, die gerade für die freie Marktwirtschaft typisch ist oder doch für diejenigen historischen Wirtschaftsordnungen, die bisher dem Idealtypus der freien Marktwirtschaft am nächsten gekommen sind Gemeint sind die Verschiebungen des allgemeinen Preisniveaus im rhythmischen Ablauf von Konjunktur und Krise.

Professor **Dr. F. Schmidt** hat darauf hingewiesen, daß die Industriekonjunktur eine wichtige oder wie er meinte die entscheidende Ursache in Rechenfehlern der Unternehmer hat, die wiederum durch unser damaliges und in den entscheidenden Punkten heute noch weiterbestehendes Bewertungsrecht im Handels- und Steuerrecht verursacht sind.[1] [2] Nach Darlegungen über die Tatsachen der Industriekonjunktur an Hand von Zahlenmaterial, das von namhaften volkswirtschaftlichen Konjunkturforschern übernommen ist, beschrieb Schmidt den Rhythmus der Konjunktur in der Bilanz und brachte dazu ausführliche Zahlenbeispiele aus den von einigen führenden Unternehmen veröffentlichten Bilanzen. Bei der Betrachtung der Anlagewerte kam er zu folgendem Ergebnis „In den Zeiten der Betriebserweiterung überwiegen die Zugänge die Abschreibungen, in den Perioden der Stagnation sind die Abschreibungen größer als die Zugänge an Anlagen. Diese Tatsache ist von größter Bedeutung für die Erkenntnis der Konjunkturquellen, denn ein allgemeines Überwiegen der Zugänge über die Abschreibungen bedeutet, daß in diesen Zeiten alle Betriebe Ansprüche an den Kapitalmarkt zu stellen haben, weil sie die Vermehrungen der Anlagen nicht aus den

1) F. Schmidt. Die Industriekonjunktur — ein Rechenfehler. Berlin — Wien 1927. Derselbe: Organische Bilanz. 2. A. Leipzig 1922 und Der Wiederschaffungspreis des Umsatztages Berlin 1923. Derselbe. Die Industriekonjunktur — ein Rechenfehler! Z. f. Betriebswirtschaft. 4. Jg. 1927, S. 1, 87, 165.

2) L. Mann. Scheingewinne durch Steigerung des Preisniveaus. Mindener Briefe 1949.

Abschreibungen finanzieren können. In den Zeiten der Krise, in denen die Zugänge im allgemeinen geringer sind als die Abschreibungen, wird dagegen der überschießende Teil der Abschreibungen in den Betrieben aus dem Gewinn zurückgehalten und bessert ihre Liquidität, aber auch die der Volkswirtschaft, denn soweit nicht die Beträge im Betriebe selbst gebraucht werden, schlagen sie sich als Bankguthaben oder in Außenständen nieder." [1])

Wichtig ist bei Untersuchung der Bilanzen ferner die Betrachtung der Warenbestände an Roh- und Hilfsmaterialien wie an lagernden Fertigprodukten. Der dafür in der Bilanz angesetzte Betrag ist ein Produkt aus der vorhandenen Menge und dem Preis. Da der Preis in der Regel in der Hochkonjunktur am höchsten ist und mit Beginn der Krise sinkt, muß die Unternehmung bei der Wandlung von der Hochkonjunktur zur Krise eine Wertminderung verzeichnen. In der Hochkonjunktur geht der Absatz schnell vor sich, die Warenvorräte sind daher verhältnismäßig gering. Bei Einsetzen der Krise tritt durch Nachlassen der Bestellungen und Annullierung von Aufträgen in der Regel eine Absatzstockung ein, die Waren stauen sich im Betriebe, die Warenvorräte sind größer. Diese aufgestauten Waren der ersten Krisenzeit aber sind noch zu den Preisen des Höchstniveaus der Hochkonjunktur eingekauft. Eine weitere Folge des Auf und Ab der Warenbestände beschrieb Schmidt folgendermaßen: „Selbst wenn wir annehmen, daß die Menge der Waren in jedem Zeitpunkt gleich sei, muß die allmähliche Steigerung der Wareneinkaufspreise nach jedem Umsatz der steigenden Konjunktur eine Verknappung der Geldmittel, eine Verschlechterung der Liquidität der Unternehmung, herbeiführen, wenn die Wertsteigerung der Waren, so wie es in der Praxis geschieht, als Gewinn zur Ausschüttung kommt. Umgekehrt wird in Zeiten der Krise die plötzliche Senkung der Warenwerte, die als Verlust zur Verrechnung gelangt, dazu führen, daß der so einbehaltene Teil des Erlöses der verkauften Waren nicht wieder für Neueinkäufe von Waren in Anspruch genommen wird, daß also die Unternehmung in dem Augenblick der stärksten Krise in dem Maße liquider wird, wie sie Wertminderung von ihren Warenbeständen abschreibt." [2]). Im weiteren Verlauf der Krise werden die Bestände in Anpassung des geringeren Umsatzes mengenmäßig vermindert und stellen weiter geringere Ansprüche an die flüssigen Mittel. Auch die Außenstände nehmen wegen der sinkenden Preise der Fertigprodukte häufig ab. Dies alles trägt zur Vergrößerung der Liquidität bei. Auf die weiteren Bilanzzahlen wollen wir hier nicht eingehen, da das Vorstehende zum Verständnis der folgenden Ausführungen genügen dürfte.

Der geschilderte Konjunkturverlauf entsteht aus dem Zusammenwirken vieler regelmäßig wiederkehrender Ursachen, unter denen die falsche Rechnung der Unternehmer eine große Rolle spielt. Sie hängt mit der in den Bilanzen üblichen Bewertung zusammen, die aber nicht

---

1) F. Schmidt. Industriekonjunktur usw., S. 50/51
2) Schmidt. Industriekonjunktur, S. 53/54.

willkürlich ist, sondern sich aus den Bewertungsvorschriften des Handels- und Steuerrechts notwendig ergibt. Wir müssen auf diese also zunächst kurz eingehen.

Wir wollen auf die für Einzelkaufleute und Offene Handelsgesellschaften geltende Vorschrift des § 40 HGB nicht näher eingehen, weil ihr Wortlaut einer richtigen Rechnung nicht entgegensteht, sondern nur die übliche Auslegung, die sich auf die Vorschriften für Aktiengesellschaften stützt. Am klarsten tritt unser Problem in § 133 Ziffer 3 Akt. Ges. zutage, wir wollen uns daher darauf beschränken. Diese Vorschrift bestimmt für die Bewertung des Umlaufvermögens der Aktiengesellschaften folgendes: „Die Gegenstände des Umlaufsvermögens (§ 133 Abs. 1 A III) dürfen höchstens zu den Anschaffungs- oder Herstellungskosten angesetzt werden Für die Berechnung der Herstellungskosten gilt Nr 1 Abs. 3. Sind die Anschaffungs- oder Herstellungskosten höher als der Börsen- oder Marktpreis am Abschlußtag, so ist höchstens dieser Preis anzusetzen.

Ist ein Börsen- oder Marktpreis nicht festzustellen und übersteigen die Anschaffungs- oder Herstellungskosten den Wert, der den Gegenständen am Abschlußstichtag beizulegen ist, so ist höchstens dieser Wert anzusetzen."

Auf Grund dieser Bestimmung entstehen bei einer allgemeinen Steigerung des Preisniveaus in den Bilanzen aller Unternehmungen, die gewisse Warenvorräte halten müssen, Scheingewinne auf dieses ruhende Vermögen durch Ansteigen der Buchwerte, denn sobald die Vorräte einmal umgesetzt sind, haben sich die Wertansätze der Steigerung des Preisniveaus angepaßt. Eine Fabrik jedoch, die eine bestimmte Menge Roh- und Hilfsstoffe in ihrem Erzeugungsprogramm in Umlauf haben und ein bestimmtes Warenlager schon aus technischen Gründen halten muß, ist nicht reicher geworden, wenn diese Warenmengen durch Steigerung des allgemeinen Preisniveaus einen höheren Geldwert darstellen, als bei der letzten vorhergehenden Bilanz Die Wertsteigerung am ruhenden Vermögen wäre auch eingetreten, wenn die Fabrik stillgelegen hätte, der Wertunterschied muß also vom Betriebserfolg getrennt werden.

Bei den Gegenständen des Umlaufsvermögens vereinigen sich zwei Bewertungsprinzipien das des Anschaffungswertes und das seiner Herabsetzung bei niedrigerem Marktpreis. Infolge dieser Vorschrift kann eine Wertänderung nach oben nur als Gewinn erscheinen, wenn die Waren verkauft sind, eine Wertänderung nach unten dagegen erscheint auch schon als Verlust, ehe sie realisiert ist. **Dies ist die wichtigste Ursache dafür, daß die Entwicklung der Hochkonjunktur allmählich, die der Krise aber plötzlich vor sich geht.** Wertsteigerungen am ruhenden Vermögen wirken sich nur allmählich als Einkommenssteigerung aus, Wertminderungen dagegen müssen sich sofort bei ihrem Eintreten in voller Schärfe als Einkommensminderungen auswirken

Auch das **Steuerrecht** kennt keine Trennung des Betriebserfolges von der Wertsteigerung am ruhenden Vermögen. In § 6 Ziff 2 EStG ist dem Steuerpflichtigen für die Güter des Umlaufsvermögens ein Wahlrecht zwischen den Anschaffungs- oder Herstellungskosten und dem niedrigeren Teilwert eingeräumt worden. Dieses Wahlrecht ist jedoch durch die Grundsätze ordnungsmäßiger Buchführung stark begrenzt, denn der Reichsfinanzhof ist auch für die steuerliche Bewertung dem Niederstwertprinzip gefolgt, das im Handelsrecht gilt. Sind Waren gleicher Art und Güte zu verschiedenen Anschaffungs- oder Herstellungskosten beschafft worden, so gilt zunächst der neueste Anschaffungspreis, soweit sich die vorhandene Menge mit der neuesten Anschaffung deckt; soweit mehr Waren bestandsmäßig vorhanden sind, so können sie nicht zu ihrem wirklichen Anschaffungspreis bewertet werden, soweit inzwischen teurer eingekaufte neuere Bestände verarbeitet worden sind. Die Umsatzgeschwindigkeit spielt also für die Höhe der Bewertung bei steigenden Preisen ebenfalls eine Rolle.

Dieser Abschnitt über Rechenfehler als Konjunkturursache lehrt uns folgendes· 1. So wichtig die Idealtypen der Wirtschaftssysteme für die Erkenntnis der wirtschaftlichen Zusammenhänge sind, können sie doch nur ein allgemeines Bild geben und es bedarf zur vollen Erkenntnis und ihrer Anwendbarkeit für die Praxis der Betrachtung der einzelnen Rechtsvorschriften, beispielsweise des Handels- und Steuerrechts, weil viele dieser Bestimmungen durchaus mit mehreren verschiedenen Wirtschaftssystemen vereinbar, aber für sich allein bereits von großer Bedeutung für die Wirtschaftsentwicklung sind Für die volkswirtschaftliche Kostenrechnung kommt es besonders auf die geltenden Bewertungsvorschriften an. 2. Eine richtige volkswirtschaftliche Kostenrechnung darf nicht die Bewertungsfehler der betriebswirtschaftlichen Erfolgsrechnung mitmachen, auch dann nicht, wenn sie durch Bewertungsvorschriften des Handels- oder Steuerrechts bedingt sind. Sind die Einzelposten der Kostenrechnung zu verschiedenen Zeitpunkten im Konjunkturverlauf angefallen, so dürfen sie bei genauer Rechnung nicht einfach nach ihrem Nominalbetrag zusammengerechnet werden, sondern müssen auf den Preisstand eines einzelnen Tages umgerechnet werden Welcher Tag dafür gewählt wird, hängt von dem Zweck der Rechnung ab. Schmidt empfiehlt den Betriebswirten, in die Preiskalkulation Kostengüter, Rohmaterialmengen, Arbeitsstunden und Verwaltungsaufwand mit dem Wert einzusetzen, den sie am Umsatztage haben 3. Bei Gegenüberstellung von volkswirtschaftlichen Kosten und volkswirtschaftlichen Erträgen oder Vergleich der volkswirtschaftlichen Kosten verschiedener Beschaffungswege sind dieselben Grundsätze anzuwenden

Wir kommen nun im nächsten Abschnitt von den konjunkturellen zu den strukturellen Bewegungen in der Wirtschaft.

6. Wirtschaftswachstum und Wirtschaftsrechnung.

Das Wachstum einer freien Marktwirtschaft, die der liberalen Wirtschaftslehre entspricht, paßt sich nicht in idealer Form der natürlichen Bevölkerungsvermehrung und Steigerung der Ergiebigkeit der Arbeit an. Da die Steuerung der gesamten Wirtschaftsentwicklung in der freien Marktwirtschaft durch das Rentabilitätsprinzip, also durch die private Kostenrechnung der Unternehmer erfolgt, betrifft dieser Einwand, wenn er richtig ist, zugleich die Richtigkeit der Gleichstellung von volkswirtschaftlicher und betriebswirtschaftlicher Kostenrechnung im System der freien Marktwirtschaft

Wo regelmäßig Krisen auftreten, liegt die Vermu'ung nahe, daß an der Wirtschaftsrechnung in dieser Wirtschaft etwas nicht stimmt. Eine Ursache haben wir in den Scheingewinnen und Scheinverlusten erkannt, die sich in den Unternehmungsrechnungen ergeben, wenn die Wertänderungen am ruhenden Vermögen nicht von der Erfolgsrechnung getrennt werden Eine weitere Ursache könnte in Abweichungen der wirklichen Wirtschaft von dem Ideal der freien Marktwirtschaft liegen. Es muß aber auch untersucht werden, ob nicht trotz vollständiger Konkurrenz auf allen Märkten von den Unternehmern zwangsläufig noch andere Rechenfehler gemacht werden müssen, die Abweichungen zwischen einer auf den gegebenen Daten beruhenden betriebswirtschaftlichen und einer richtigen volkswirtschaftlichen Kostenrechnung darstellen

a) Lohn.

Wenn die Bevölkerung eines Landes wächst, muß auch seine Wirtschaft wachsen, soll die Beschäftigung aller Arbeitskräfte und die Versorgung der gesamten Bevölkerung gesichert sein. Da die gesamte freie Marktwirtschaft durch das Preis-Kostenverhältnis gesteuert wird, müßte sich das Anwachsen der Zahl der Erwerbsfähigen auf dieses Verhältnis so auswirken, daß es den notwendigen Anreiz für die Unternehmer zur genügenden Ausweitung der Produktion geben kann Betrachten wir zunächst die **Nachfrage nach Arbeitsleistungen.** Die günstigste Ausbringung eines Betriebes ist diejenige, bei der der Preis den Grenzkosten gleich ist Entsprechendes gilt für den Ertrag der Lohnarbeit Ist der Stundenlohn gegeben, dann setzen die Unternehmer so viel Arbeit ein, daß der Grenzertrag der Arbeit wertmäßig dem Stundenlohn auf der ganzen Linie gleich wird, weil sich erst bei Gleichheit des Stundenlohnes mit dem Grenzertrag der Arbeit der Gewinn weder durch eine Vermehrung noch durch eine Verminderung des Arbeitseinsatzes erhöhen läßt. Nun brauchen aber die Grenzkosten, die dem Produktpreis gleich sind, nicht gleich dem Grenzertrag der Arbeit zu sein, weil sich bei einer Vermehrung oder Verminderung der Produktion um eine Mengeneinheit auch noch andere Kosten außer den Lohnkosten verändern können Die Grenzproduktivität der Arbeit ist somit nicht durch eine eindeutige Zahl bestimmt, sondern durch den Abstand zwischen zwei Zahlen. den Rentabilitätsspielraum[1]) der Arbeitsverwendung. Dieser ist um so höher, je geringer der Anteil der Lohnkosten an den gesamten veränderlichen Kosten ist. Liegt der Lohn nahe der Obergrenze des Rentabilitätsspielraums, dann ist bei Lohnsenkung eine verhältnismäßig geringe Lohnelastizität der Nachfrage nach Arbeitsleistungen gegeben Je näher der Lohn bereits bei der Untergrenze des

1) Von Zwiedineck-Südenhorst. Artikel Lohntheorie und Lohnpolitik. Handwörterbuch der Staatswissensch. 4. Auflg. 1916.

Rentabilitätsspielraums liegt, desto eher kann eine Lohnsenkung die Nachfrage der Unternehmung nach Arbeitsleistungen erhöhen. Es ist aber auch denkbar, daß die Grenzkostenkurve so steil ansteigt, daß auch eine kostenlose Arbeitsleistung den Unternehmer nicht zur Mehreinstellung von Arbeitskräften zu veranlassen vermag. Dies ist dann der Fall, wenn die vorhandenen Anlagen bis zum letzten Arbeitsplatz ausgenützt sind und weitere Arbeitskräfte nur unter Vergrößerung der Anlagen eingestellt werden könnten. Dies ist nur einer der möglichen Fälle des Verlaufs der Nachfragekurve nach Arbeitsleistungen. Aber er zeigt doch, daß schon aus der Gestaltung der Nachfrage auch in der freien Marktwirtschaft das Verhältnis von Löhnen und Preisen nicht unbedingt zur Vollbeschäftigung zu führen braucht.

Das **Angebot an Arbeitsleistungen** in der Volkswirtschaft ergibt sich aus der Anzahl der Arbeitnehmer und der Arbeitszeit des einzelnen Arbeitnehmers. Die Arbeitszeit, also das Arbeitsangebot des einzelnen Arbeiters, reagiert auf Änderungen der Löhne u. U. anormal, d. h. bei einer Senkung des Lohnes wird u. U. nicht weniger, sondern mehr Arbeit angeboten, die Arbeitszeit also verlängert, um den Einkommensausfall wieder auszugleichen, und umgekehrt — bei Lohnerhöhung — nicht mehr, sondern weniger gearbeitet, weil die frühere geringe Freizeit ebenso drückend empfunden wurde, wie der niedrige Reallohn.

Die Anzahl der Erwerbsfähigen und Arbeitswilligen ist der zweite Faktor, der das Gesamtangebot der Arbeitsleistungen bestimmt. Auf lange Sicht besteht zwar ein Zusammenhang zwischen der Lohnhöhe und der Bevölkerungsentwicklung. Aber die Bevölkerungsentwicklung wird vorwiegend von anderen Ursachen als der Lohnhöhe bestimmt, und das Tempo dieser Anpassungsvorgänge ist so gering, daß dadurch die kurzfristigen, nach Monaten oder Jahren bemessenen Schwankungen der Nachfrage nach Arbeitsleistungen nicht ausgeglichen werden können. Kurzfristig ist eine Anpassung nur durch Veränderung des Fraueneinsatzes, des Eintrittsalters in die verschiedenen Berufe und des Pensionierungsalters möglich. Da aber die Versorgung des Einzelnen von dem Einkommen des gesamten Haushaltes abhängt, dem er zugehört, kann auch in sofern das Arbeitsangebot kurzfristig anormal reagieren, weil Frauen, Kinder oder Alte u. U. beginnen mitzuverdienen, sobald das Arbeitseinkommen des Mannes geringer wird.

Auf einem freien Arbeitsmarkt würde durch die anormale Reaktion des Angebots die wichtige Steuerung der Wirtschaft durch den Lohn gefährdet sein, denn wenn sich bei Lohnsenkung das Angebot mehr erhöht als die Nachfrage, was bei unelastischer Nachfrage möglich ist, dann kann kein Gleichgewicht eintreten. Wenn es aber nicht zur Entstehung eines Gleichgewichts kommt, wird keine Vollbeschäftigung erreicht. Daß in einer unterbeschäftigten Wirtschaft volkswirtschaftliche und betriebswirtschaftliche Kostenrechnung nicht übereinstimmen, wird unten im Abschnitt über die volkswirtschaftlichen Gemeinkosten noch gezeigt werden.

b) Zins.

Das Wachstum der Wirtschaft, das zur Versorgung und Beschäftigung einer wachsenden Bevölkerung erforderlich ist, macht eine Erweiterung der Erzeugungsanlagen, also eine Investierung von Kapital erforderlich Die Knappheit des Kapitals findet in der Wirtschaftsrechnung der freien Marktwirtschaft ihren Ausdruck in der Höhe des Zinses. Wäre hier der Zins wirtschaftspolitisch gesehen ein ausreichender Regler des Wirtschaftswachstums am Kapitalmarkt [1]), dann müßten durch ihn Angebot und Nachfrage in einem Punkte ins Gleichgewicht kommen, bei dem alle Erwerbsfähigen voll beschäftigt sind.

Gehen wir davon aus, daß in einem Jahre ein solcher Gleichgewichtszustand vom Zins und gleichzeitig von Löhnen und Preisen erreicht worden sei. Wächst nun die Zahl der Erwerbsfähigen im nächsten Jahr an, so würde sich die gesamte Kurve der Kapitalnachfrage nach oben verschieben, weil bei jedem möglichen Zinssatz mehr Kapital nachgefragt würde, **wenn die zusätzlichen Erwerbsfähigen selbst als Nachfrager auf dem Kapitalmarkt aufträten.** Die große Mehrzahl aber kann nur durch Übernahme nichtselbständiger Arbeit Beschäftigung finden. Diese bedürfen der Vermittlung des Unternehmers, der von ihnen zur Erhöhung seiner unternehmerischen Kapitalnachfrage nur über den Lohn oder über den Preis des erzeugten Produkts veranlaßt werden kann. Die Beeinflussung des Zinses durch den Zuwachs an Erwerbsfähigen geschieht also in der Regel nur mittelbar über den Lohn, dessen Versagen in vielen Fällen wir oben besprochen haben, oder über den Produktpreis, von dem wir noch sprechen werden

Das **Kapitalangebot** hängt nur insofern von der Bevölkerungsentwicklung ab, als durch das Vorhandensein von Kindern der Wunsch zu sparen verstärkt wird. Ob es den Eltern aber im gesamtwirtschaftlichen Durchschnitt gelingt, so viel zu sparen, daß bis zu deren Eintritt in das erwerbsfähige Alter das für ihre Beschäftigung erforderliche Kapital vorhanden ist, hängt von der Höhe des Einkommens der Eltern ab Der gesamtwirtschaftliche Sparsaldo wächst mit steigendem Volkseinkommen und mit ansteigender Ungleichheit der Einkommensverteilung weil der Sparbetrag bei der Aufteilung des Einkommens eines Haushaltes ein elastischer Betrag ist im Gegensatz etwa zu den unelastischen Beträgen, die für die Nahrung oder Wohnung ausgegeben werden Je mehr Kinder aber in einer Familie oder einem Volke vorhanden sind, desto größer sind jene unelastischen Ausgabeposten. Die anderen Sparer aber könnten nur durch ein höheres Zinsangebot zu verstärkter Spartätigkeit gebracht werden mit allen oben aufgeführten Schwierigkeiten, die dieser Auswirkung der Bevölkerungsvermehrung im Wege stehen. Hierbei setzen wir schon eine völlig normale Reaktion des Kapitalangebots auf Zinserhöhungen voraus, während die Sparer in Wirklichkeit einer ganzen Reihe anderer Antriebe außer der Zinshöhe folgen Gemeinsam ist

---

[1]) Dies nimmt selbst F. Schmidt noch an, obgleich er bei den Konjunkturbewegungen bereits die Zusammenhänge mit Rechenfehlern der Unternehmer erkannt hatte: Die Industriekonjunktur — ein Rechenfehler! Berlin, Wien 1927. S. 16 unten.

diesen verschiedenen Gründen nur das Ziel der Sicherung eines zukünftigen Bedarfs, das bei höherem Zinssatz mit geringeren eigenen Einzahlungen des Sparers erreicht werden kann, weshalb ein Teil der Sparer u. U. auf eine Erhöhung des Zinssatzes mit einer Verminderung der Einzahlungen antwortet.

Berücksichtigen wir nun noch, daß in der wirklichen Wirtschaft die Mehrzahl der Sparer ebensowenig selbst auf dem Kapitalmarkt als Anbieter erscheinen wird wie die Mehrzahl der Erwerbsfähigen selbst eine Nachfrage auf dem Markt ausübt, so wird der Ausgleich noch erheblich fragwürdiger. Die Banken, die zwischen Sparern und Unternehmern vermitteln, haben im Rahmen ihrer Liquiditätsgrundsätze die Möglichkeit einer **Kreditausweitung und Geldschöpfung,** die bei privaten Banken, von denen wir in diesem Zusammenhang allein sprechen dürfen, die Form der Buchgeldschöpfungen annimmt. Die Banken können den Unternehmern, die ihre Kunden sind, in ihren Büchern Kredite einräumen, die insgesamt erheblich über den Barbestand zuzüglich Depositen der Bankkundschaft hinausgehen. Der durch Buchgeldschöpfung und Kreditausweitung geschaffene zusätzliche Kredit kostet die Banken gar keine Zinsen, während die Kunden für die ihnen gewährten zusätzlichen Kredite Zinsen zahlen müssen. Vom Rentabilitätsstandpunkt aus haben die Banken daher wenig Veranlassung, die Gewährung des zusätzlichen Kredits von einer Erhöhung des ihnen zu zahlenden Zinssatzes abhängig zu machen. Hierin aber liegt wieder eine Abweichung von einer volkswirtschaftlich richtigen Rechnung, was sich folgendermaßen begründen läßt:

Durch die Kreditausweitung und Geldschöpfung wird die für die Durchführung der Investitionen erforderliche Ersparnis nur vorweggenommen; sie muß aus der Einkommenserhöhung, die die Folge dieser Investitionen ist, in den nächsten Wirtschaftsperioden nachgeholt werden. Da der Zinssatz nicht erhöht worden ist, ist die Verwendung von Teilen des realen Volkseinkommens durch den Zins nicht genügend begrenzt worden. Es ist in dieser Periode mehr investiert als gespart worden, darum muß die zusätzliche Ersparnis in den nächsten Perioden nachgeholt werden. Die Neuinvestitionen schaffen zusätzliches Einkommen, das zu einem Teil gespart wird. Zur Nachholung der früher versäumten Ersparnis dienen weiter die Abschreibungen der neuen Anlagen, jedoch zieht sich dieser Vorgang über viele Jahre hin. Die Möglichkeit, daß solche nachträglichen Ersparnisse ausreichen können, um die aus dem Nichts geschaffenen Kredite nachträglich durch Ersparnisse abzudecken, läßt sich nicht abstreiten. Dies ist dann aber entweder reiner Zufall, oder es ist auf kluge Liquiditätsüberlegungen der Banken zurückzuführen, die über die reine Rentabilitätsrechnung hinausgehen, indem von ihnen nur ein Teil der Kredite gewährt wird, die vom Rentabilitätsstandpunkt aus gewährt werden könnten. Schon das würde bedeuten, daß der Zins allein als Regler von Angebot und Nachfrage am Kapitalmarkt nicht genügt. Wenn in einem Jahre des Konjunkturanstiegs das Experiment geglückt ist, ist es im nächsten Jahr schon schwerer geworden, weil sich das Nachholen der erforderlichen Ersparnisse über mehrere Jahre hinzieht. Diese Schwierigkeit steigert sich im Konjunkturverlauf von Jahr zu Jahr, und nach der bisherigen Erfahrung ist immer wieder einmal der Zeitpunkt eingetreten, wo es nicht mehr möglich war und der Umschwung eintrat. Darum gleichen sich in der freien Marktwirtschaft Sparen und Investition nicht allein durch die Zinshöhe aus, sondern daneben durch Schwankungen im jeweiligen Umfang der Erzeugung und Beschäftigung. Mithin genügt auch in der freien Marktwirtschaft der Zins nicht unter allen Umständen als Regler des Wachstums am Kapitalmarkt.

c) Preis.

Jeder **technische Fortschritt**, der mit einer Senkung der Gestehungskosten verbunden ist, kann eine Ausschaltung technisch überholter, aber noch nicht abgeschriebener Anlagen mit sich bringen, wenn er zu einer Preissenkung führt. Sind nun der Eigentümer der alten Anlage und der der fortschrittlichen neuen zwei verschiedene Personen, so stellt der Vertreter des Fortschritts in seine Vorkalkulation die noch vorzunehmenden Abschreibungen der alten Anlage nicht ein, sondern überläßt dies ihrem Eigentümer, der an dem damit verbundenen Verlust u. U. wirtschaftlich zugrunde geht. Die durch den technischen Fortschritt bedingte Sonderabschreibung findet auch im Preis keinen Ausdruck; sie ist vielmehr gerade eine Folge der durch ihn verursachten Preissenkung. Diese Kosten werden also weder von den Konsumenten getragen, noch von dem Eigentümer der neuen Anlagen, sondern allein von dem Eigentümer der veralteten Anlagen, der genau so zur Volkswirtschaft gehört, wie jene, und seine Kosten sind ebenso volkswirtschaftliche Kosten wie die des fortschrittlichen Unternehmers. Der Wirtschaftspolitiker muß alle 3 Parteien in seiner Rechnung berücksichtigen, m. a. W., er muß ebenso rechnen wie ein Unternehmer, der selbst Eigentümer noch nicht abgeschriebener, technisch veralteter Anlagen ist und selbst neue, fortschrittliche Anlagen ganz oder zum Teil an deren Stelle setzen will. Dieser ist gezwungen, in die Vorkalkulation der neuen Anlage die Sonderabschreibungen für die durch sie entwertete alte Anlage als Kostenbestandteil mit einzusetzen und den Neubau so lange hinauszuschieben, bis er auch unter Berücksichtigung dieser noch notwendigen Sonderabschreibung rentabel ist.

Die Durchführung eines technischen Fortschritts, dessen einziger Zweck eine Verbilligung der Gestehungskosten in einem bestimmten Produktionszweig ist, ist erst in dem Zeitpunkt volkswirtschaftlich zweckmäßig, in dem die alten Anlagen so weit abgeschrieben sind, daß die jährliche Ersparnis durch die zweckmäßigere neue Konstruktion größer ist als diejenigen Kosten der alten Anlage, die auch nach ihrer Stillegung weiterlaufen, insbesondere ihre jährlichen Abschreibungen.

Wir gingen von der Annahme aus, daß der Eigentümer der alten Anlage und der der fortschrittlichen zwei verschiedene Personen seien. Dann wird in der freien Marktwirtschaft nicht in der volkswirtschaftlich richtigen Weise gerechnet, sondern jeder der beiden Unternehmer berechnet seine Aufwendungen und Erträge für sich. Dies führt zu einer unwirtschaftlichen Übersteigerung des technischen Fortschritts.

Besonders deutlich wird dieser Fehler bei dem von **Haberler**[1]) behandelten Beispiel, in dem der Eigentümer des technisch veralteten Betriebes im Inland und der des fortschrittlichen im **Ausland** seinen Sitz hat. Fällt jetzt der Preis, so verursacht dies bei dem ungünstigsten inländischen Erzeuger — dem inländischen Grenzproduzenten — einen Verlust, dem ein gleich großer Gewinn der Konsumenten gegenübersteht. Ursache des Verlustes ist die Entwertung der nur einseitig verwendbaren Produktionsgüter des inländischen Erzeugers. Per Saldo ist die Volkswirtschaft durch diesen Vorgang weder reicher noch ärmer geworden, aber sie muß jetzt Devisen aufbringen für Lieferungen, die im Inland hätten erzeugt werden können, ohne daß dadurch der Volkswirtschaft ein Schaden entstanden wäre. Dies ist in einer unterbeschäftigten Wirtschaft ein schwerer Fehler, in einer überbeschäftigten kann es richtig sein. Der Rechenfehler liegt darin, daß in einem Falle, in dem sich in Wirklichkeit Aufwand (Sonderabschreibungen) und Ertrag (Preissenkung) volkswirtschaftlich gesehen die Waage halten, in der Rechnung der einen Partei (Konsumenten, die in diesem Falle die Freihandelslehre vertreten) ein Gewinn erscheint und in der Rechnung der anderen Partei (Produzenten, die jetzt für einen Schutzzoll eintreten werden) ein Verlust. Richtig ist eben nur eine Rechnung, in der beide Faktoren berücksichtigt werden, weil nur so im Zusammenwirken mit anderen Faktoren, z. B. den volkswirtschaftlichen Kosten der Arbeitslosigkeit, ein richtiges Bild entsteht. Volkswirtschaftliche und betriebswirtschaftliche Rechnung könnten, wenn dies für zweckmäßig gehalten würde, nur durch einen staatlichen Akt der Wirtschaftslenkung in Übereinstimmung gebracht werden, indem die Kosten des technischen Fortschritts dem auferlegt würden, der auch den Vorteil davon hätte, d. h. im ersten Falle, wo beide Unternehmer im Inland sind, müßte der fortschrittliche Unternehmer an den Unternehmer des veralteten Betriebes eine Abfindung in Höhe der Sonderabschreibung zahlen und im zweiten Fall, in dem der fortschrittliche Betrieb im Ausland liegt, müßte die Zahlung den Konsumenten durch einen Schutzzoll auferlegt werden, der allerdings nur so lange erhoben werden dürfte, bis der Betrag der Sonderabschreibung dadurch gedeckt ist und — wenn nicht Gründe der Beschäftigung hinzukommen — nur nach Schließung des inländischen Betriebes, der vom Staat dann abgefunden werden müßte. Die Herstellung des **richtigen Tempos der Entwicklung**, die hierdurch erreicht wird, ist eine Aufgabe der Wirtschaftspolitik, die allgemein sowohl von der Praxis wie von der Theorie noch kaum gesehen wird, nicht nur in dem hier behandelten Fall.

Haberler begründet seine abweichende Ansicht damit, daß bei einem Sinken des Preises durch ausländische Konkurrenz zunächst die spezifischen Produktionsmittel auf Null abgeschrieben würden. Genüge die „Herabsetzung der Kosten durch Abschreibungen des Wertes der spezifischen Produktionsmittel“ [2]) nicht, weil der Preis weiter sinke, so daß

---

1) Haberler. Der internationale Handel. S. 138 ff. Vgl. auch Marg. Bosch. Gelenkte Marktwirtschaft S. 68 — 69 u. Carl Landauer. Planwirtschaft u. Verkehrswirtschaft. München u. Leipzig 1931. S. 98.
2) Haberler. a. a. O. S. 163.

die beweglichen Produktionsmittel auch nicht mehr zum Marktsatz entlohnt werden könnten, dann würde der Betrieb stillgelegt. Dies sei für die Volkswirtschaft von Vorteil, weil der Marktsatz das Entgelt sei, das jene beweglichen Produktionsmittel in anderer Verwendung in der Volkswirtschaft erhalten könnten, weshalb es unwirtschaftlich sei, sie durch staatlichen Eingriff in jener unwirtschaftlichen Verwendung festzuhalten. Der einzige Fehler in diesem Gedankengang liegt darin, daß durch eine solche Sonderabschreibung nicht die Kosten herabgesetzt werden, sondern daß sie selbst ein Kostenfaktor ist, der bei dem Vergleich des Gewinnes der Konsumenten mit dem Verlust der Produzenten eine Rolle spielt, und zwar in der Regel mit einem Vielfachen der normalen Jahresabschreibung.

Alles, was hier über Sonderabschreibungen überholter Anlagen auf Grund des technischen Fortschritts gesagt wurde, gilt ebenso für organisatorische Fortschritte durch Zollunionen, Gründung von Bundesstaaten, Abbau von Handelshemmnissen u. dgl. In allen diesen Fällen kann das Tempo des Fortschritts nur dadurch richtig gelenkt werden, daß seine Kosten nach Möglichkeit seinen Nutznießern auferlegt werden Ohne Staatseingriff aber ist dies nicht möglich.

Ich behaupte nicht, daß der hier erörterte Rechenfehler die einzige oder auch nur wichtigste Ursache einer geschichtlich bestimmten vergangenen Krise gewesen sei, sondern nur, daß die Häufung solcher Rechenfehler bei vielen Unternehmungen schließlich zu einer allgemeinen Krise führen könnte. Dies besonders deshalb, weil — wie noch darzulegen ist — im System der freien Marktwirtschaft sich noch andere ähnliche Fehler der Wirtschaftsrechnung ergeben müssen, auch wenn der Unternehmer, auf den hier ja alles abgestellt ist, von seinem Standpunkt aus richtig rechnet.

Die Begründung der neuen, technisch fortgeschrittenen Betriebe wird, da sie Kapitalaufwand erfordert, in der Regel in einer Zeit des konjunkturellen Aufschwunges und der durch die Banken vorgenommenen Kreditausweitung und Geldschöpfung vor sich gehen Die mit der Kreditausweitung verbundene Nachfragevermehrung wirkt der mit gewissen technischen Fortschritten verbundenen Preissenkungstendenz entgegen Diese Gegenwirkung wird sich besonders bemerkbar machen, wenn es sich um technische Fortschritte in Produktionsmittelindustrien handelt, weil die Kreditausweitung in der Regel zusätzliche Kaufkraft unmittelbar nur Unternehmern für die Erweiterung von Erzeugungsanlagen, nicht Verbrauchern, zuführt. Darum werden während des Konjunkturanstiegs solche Preissenkungstendenzen aufgeschoben, ballen sich in der folgenden Krise zu einer allgemeinen Preissenkung zusammen und bilden selbst eine wichtige Krisenursache [1]) Der technische Fortschritt verursacht übrigens auch noch in einem anderen Sinne „volkswirtschaftliche Kosten", insofern nämlich als er zu einem V e r a l t e n d e s b i s h e r i g e n i n d u s t r i e l l e n W i s s e n führt Dies aber überschreitet die Grenzen jeder möglichen Wirtschaftsrechnung, denn industrielles

1) Vgl. Margarete Bosch. Gelenkte Marktwirtschaft. S. 45 ff.

Wissen wird nicht im vollen Maße ausschließliches Eigentum einer bestimmten Person oder Personengruppe. Dieser große Komplex wirtschaftlicher Gewohnheiten, durch den der Durchschnittsmensch sein Leben leben kann, ohne bei jeder Gelegenheit in wirtschaftliche Bedrängnis zu geraten, ist nicht Gegenstand des Tauschverkehrs und daher nicht im vollen Sinne wirtschaftlicher Reichtum. Sein Anwachsen oder Veralten sind Dinge, die außerhalb der Wirtschaftsrechnung berücksichtigt werden müssen [1])

Ganz allgemein ist aus dem Ablauf des geschilderten Mechanismus zu entnehmen, daß der Preis als Wachstumsregler am Warenmarkt erst in Tätigkeit tritt, wenn eine Störung des Gleichgewichts zwischen Erzeugung und Nachfrage bereits eingetreten ist. Er vermag die Entstehung einer Überproduktion in einem einzelnen Industriezweig nicht zu verhüten, sondern nur ein bereits eingetretenes Mißverhältnis zwischen den verschiedenen Erzeugungszweigen nachträglich wieder zu korrigieren. Dieses Verfahren genügt in einer Wirtschaft, in der die Erzeugung eines einzelnen Betriebes im Verhältnis zum Gesamtumsatz der Erzeugungsgruppe sehr klein ist, reicht dagegen der Bau eines einzigen neuen Großbetriebes aus, um die Gleichgewichtsverhältnisse in dem betreffenden Erzeugungszweig radikal zu verändern, dann ist das geschilderte Verfahren der nachträglichen Anpassung durch Wachstumsstörung äußerst unwirtschaftlich.

Auch abgesehen von der Rechenweise anläßlich technischer Fortschritte kommen in der freien Marktwirtschaft häufiger, als man allgemein annimmt, Unterschiede zwischen betriebswirtschaftlicher Rentabilität und volkswirtschaftlicher Produktivität vor. Aus der Literatur möchte ich in diesem Zusammenhang noch das von **v. Stackelberg** [2]) angeführte Beispiel erwähnen. Bei vollständiger Konkurrenz besteht ein Unterschied zwischen Rentabilität und Produktivität, wenn die Effizienz der Produktionsfaktoren nicht als gesichert angesehen werden kann. Beispielsweise verschlechtert sich die Ertragsfähigkeit landwirtschaftlicher Grundstücke, wenn der Waldbestand zurückgeht. Diese Verminderung der landwirtschaftlichen Ertragsfähigkeit kommt in der Rentabilitätsrechnung der Waldbesitzer nicht zum Ausdruck, andernfalls würde sie in manchen Fällen zu einer Einschränkung des Holzeinschlages führen. Auch hier werden die Kosten einer Maßnahme nicht voll von dem Unternehmer getragen, der den Vorteil von ihr hat. Ähnliche Schädigungen der Landwirtschaft treten in der Nähe von Gruben des Braunkohlentagebaus durch Senkung des Grundwasserspiegels ein, die von den Maßnahmen der Gruben zur Wasserhaltung veranlaßt wird. In vielen Fällen der Schädigung der Eigentümer von Nachbargrundstücken durch Industrieunternehmen hat die Rechtsordnung eine Entschädigungspflicht der Unternehmer festgelegt; dann wird die Übereinstimmung von Produktivität und Rentabilität wiederhergestellt. Es ist eine Frage der Gesetzgebung auf dem Gebiete des bürgerlichen Rechts

---

1) John Maurice Clark. The Sozializing of Theoretical Economics. S. 87—88.
2) v. Stackelberg. Grundzüge. S. 206 — 7.

und zugleich eine solche der Wirtschaftspolitik, wieweit auch in solchen Fällen zur Herstellung dieser Übereinstimmung eine Entschädigungspflicht angeordnet werden soll, in denen die Schädigung der Nachbarn entweder auf neuartigen Einwirkungsmöglichkeiten beruht, die zur Zeit des Erlasses des BGB noch nicht vorkamen oder aber die Erkenntnis des Ursachenzusammenhanges neueren Datums ist. Zur Zeit befaßt sich der Landtag des Landes Nordrhein-Westfalen mit einem Gesetzentwurf zur Regelung derartiger Fragen im Zusammenhang mit dem Rheinischen Braunkohlenbergbau[1]).

Das Verhältnis von Rentabilität und Produktivität ist abhängig von der Rechtsordnung, also durch die Wirtschaftspolitik beeinflußbar.

Daß befriedigende Rentabilität unter Umständen auch ohne die günstigste Nutzung gegebener Erzeugungsmittel für den Gesamtbedarf einer gegebenen Menschengruppe erzielt werden kann, ist eine Erscheinung, die nicht erst durch den modernen Kapitalismus aufgekommen ist. Sismondi und W. Sombart haben dargelegt, daß die höchst extensive und für alle Beteiligten rentable Wirtschaft der römischen Campagna schon ein Beispiel hierfür bot. Aus der rechtlich garantierten Verfügungsmacht über Erzeugunsmittel, insbesondere — aber nicht allein — über den Boden ergeben sich Renten- und Verdienstmöglichkeiten verschiedener Art, die die volkswirtschaftlich günstigste Verwendung von Erzeugunsmitteln dauernd verhindern können[2])

7. Steuern und volkswirtschaftliche Sonder- und Gemeinkosten.

Bisher haben wir uns immer noch im Raume der privaten Wirtschaft und der Beziehungen der Unternehmer untereinander bewegt. Aber auch wenn die Volkswirtschaft als freie Marktwirtschaft mit vollständiger Konkurrenz organisiert ist und sich in ihren Beziehungen zum Ausland vom Freihandelsprinzip leiten läßt, muß ein Staat bestehen, der ihr den notwendigen Rechtsschutz gewährt. Die Beziehungen zwischen dem Staat mit seinen Bedürfnissen und Aufgaben und den privaten Unternehmungen sowie der Volkswirtschaft als Ganzem bilden den Gegenstand einer besonderen Disziplin, der Finanzwissenschaft. Die Volkswirtschaftspolitik, die ihre eigene Fragestellung ja nur der Existenz des Staates verdankt, kann natürlich nicht, wie bis zu einem gewissen Grade die theoretische Volkswirtschaftslehre, in der Beantwortung der Fragen von der Existenz dieses Staates und den damit zusammenhängenden Schwierigkeiten einfach absehen.

Auch bei freier Marktwirtschaft ist der Staat gezwungen, zur Deckung seines Bedarfs Steuern zu erheben. Diese erscheinen in der Rechnung des Unternehmens z. T. unmittelbar als Kosten und — soweit dies nicht zulässig ist, wie z. B bei der Einkommensteuer — ist der Unternehmer doch bestrebt, den Preis seines Erzeugnisses so festzusetzen, daß er sie

1) Vgl. „Recht u. Wirtschaft" Nr. 15/1947 S. 1, Nr. 16/1948 S. 1 u. Nr. 17/1948. Rheinlandverlag Köln.
2) Max Weber. Wirtschaft und Gesellschaft. S. 57. Vgl. auch: J. M. Clark The Sozializing of Theoretical Economics. S. 88 und R. T. Ely. Property and Contract in their Relation to the Distribution of Wealth. Macmillan 1914.

auf den Abnehmer überwälzen kann. Dies wird ihm in einer freien Marktwirtschaft auch leichter gelingen, als in einer gelenkten Wirtschaft mit genauen Preisbildungsvorschriften Gelingt die Überwälzung, so bilden die Steuern der ersten Erzeugungsstufe, da sie in den Preis des Zwischenprodukts eingegangen sind, einen Teil der Kosten aller späteren Erzeugungsstufen.

Wären die an den Staat zu leistenden Abgaben in jedem Falle ein Preis für eine Leistung des Staates an den Unternehmer, und würde ihre Höhe nach der Größe ihrer Leistungen bemessen, so wäre die Übereinstimmung zwischen der Erfolgsrechnung des Unternehmers und einer volkswirtschaftlichen Erfolgsrechnung ohne weiteres gegeben. Aber nur die speziellen Abgaben, die man als Gebühren bezeichnet, können vernünftigerweise den in der privaten Wirtschaft geltenden Preisen analog behandelt werden „Gebühren sind besondere Abgaben von Personen, welche in einzelnen Fällen die Tätigkeit solcher Behörden beanspruchen oder veranlassen, die mit der Ausübung öffentlich-rechtlicher Funktionen betraut sind. Es ist demnach bezeichnend für das Wesen der Gebühr und unterscheidet diese von der Steuer, daß sie aus Anlaß einer bestimmten Tätigkeit öffentlicher Organe und als spezielles Entgelt für diese erhoben wird. Von den Erwerbseinkünften unterscheiden sie sich dadurch, daß diese Entgelte für wirtschaftliche Leistungen staatlicher Unternehmungen, jene dagegen Entgelte für behördliche Tätigkeit öffentlich-rechtlicher Art darstellen" [1]. Aber auch die Gebühren werden nicht immer nach den verursachten Kosten bemessen, so daß selbst bei ihnen schon Unterschiede zwischen betriebswirtschaftlicher und volkswirtschaftlicher Rechenweise möglich sind Ganz besonders aber sind diese Unterschiede bei den Steuern gegeben. Während die Bemessung der Gebühren dem Prinzip der speziellen Entgeltlichkeit folgt, werden die Steuern nach dem Prinzip der generellen Entgeltlichkeit, d h. als allgemeine Beitragsleistung zu dem vorhandenen Geldbedarf des Staates erhoben, und die Steuerpflicht folgt schon aus der bloßen Zugehörigkeit zum Staate, nicht erst aus der Inanspruchnahme bestimmter Staatseinrichtungen.

„S t e u e r n s i n d A b g a b e n an den Staat und die übrigen öffentlichen Körperschaften, die zum Zwecke der Befriedigung kollektiver Bedürfnisse kraft öffentlicher Autorität in einseitig bestimmter Weise und Höhe erhoben werden [2]) Samuel von Pufendorf sah die Steuern als einen Preis für den Schutz des Lebens und Vermögens an, und die Vertreter der Lehre, wonach der Staat durch einen von den Bürgern mit Rücksicht auf ihren wirtschaftlichen Nutzen geschlossenen Vertrag entsteht, haben ebenfalls in der Steuer ein Entgelt für die Vorteile der Staatszugehörigkeit gesehen. Dementsprechend haben die Vertreter der **Äquivalenztheorie** zu Ausgang des 18. Jahrhunderts eine Besteuerung im Verhältnis zu den Vorteilen gefordert, die der einzelne vom Staate hat. Wenn dies geschähe, wäre allerdings die von den Theoretikern derselben Zeit unter-

---

1) Karl Theodor von Eheberg. Finanzwissenschaft. 18. und 19. Aufl. Leipzig und Erlangen 1922. A. Deichertsche Verlagsbuchh § 74, S. 161.

2) Eheberg. Finanzwissenschaft § 89, S. 177.

stellte Übereinstimmung zwischen betriebswirtschaftlicher und volkswirtschaftlicher Rechnung richtig. Da aber heute die Besteuerung im allgemeinen von der **Leistungsfähigkeit** des Steuerpflichtigen ausgeht, und der Rechtsgrund der Besteuerung in der sittlichen Natur des Staates und der Pflicht jedes Staatsbürgers gefunden wird, zur Erfüllung dieser sittlichen Aufgaben des Staates seinen Kräften entsprechend beizutragen, wird die Steuer im allgemeinen nicht nach den besonderen Vorteilen bemessen, die der Steuerpflichtige genießt, und hierin gerade liegt ihr Unterschied von den Gebühren. Nun ist in der Gegenwart der Aufgabenkreis des Staates so ausgedehnt worden, und die Verhältnisse haben sich so kompliziert, daß es selten möglich sein wird, die Vorteile, die der einzelne Unternehmer von der Tätigkeit des Staates hat, genau abzuschätzen. Das darf aber den Wirtschaftspolitiker, wenn er schon seine Entscheidung auf eine Wirtschaftsrechnung stützen will, nicht von dem Versuch abhalten, umgekehrt so weit als irgend möglich zu errechnen, welche Kosten der Unternehmer durch seine Tätigkeit der Volkswirtschaft, d. h. dem Staat und allen anderen Staatsbürgern verursacht. In einer volkswirtschaftlichen Erfolgsrechnung müssen demnach die Steuern als Kostenfaktor außer Ansatz bleiben, und statt dessen müssen die volkswirtschaftlichen Sonderkosten und ein nach wirtschaftlichen Gesichtspunkten bemessener Anteil an den volkswirtschaftlichen Gemeinkosten eingesetzt werden. In sehr vielen Fällen wird sich bei diesem Verfahren, dessen Schwierigkeiten nicht verkannt werden dürfen, ein richtigeres Bild ergeben, als wenn man unbesehen die Steuern als Kosten einsetzt und die so gewonnene betriebswirtschaftliche Erfolgsrechnung auch für die Wirtschaftspolitik als maßgebend ansieht, ohne nach volkswirtschaftlichen Kosten außerhalb der Betriebsrechnung zu fragen. Da wir diese Gedanken aus Grundsätzen der Besteuerung abgeleitet haben, die mit freier Marktwirtschaft und vollständiger Konkurrenz praktisch durchaus vereinbar sind, ist die Möglichkeit einer Abweichung zwischen betriebswirtschaftlicher und volkswirtschaftlicher Wirtschaftsrechnung auch für diesen Fall klar erwiesen. Daß solche Abweichungen in der gelenkten Wirtschaft noch viel stärker und häufiger sind, wird später zu zeigen sein.

Der wichtigste Teil der volkswirtschaftlichen Gemeinkosten sind die **Kosten des Mindestunterhalts der in der Volkswirtschaft vorhandenen Arbeitslosen.** Wir hatten in der Einleitung bereits darauf hingewiesen, daß eine wirtschaftspolitische Untersuchung von den allgemein anerkannten politischen Zielsetzungen bei der Beurteilung jeder einzelnen Maßnahme ausgehen muß. Wir hatten unter den in der Gegenwart allgemein anerkannten Zielsetzungen einer erfolgreichen Wirtschaftspolitik die Vollbeschäftigung und die Sicherung eines Mindestunterhalts für jeden einzelnen Staatsbürger aufgestellt. Wir haben weiter gesehen, daß die Rechnungsweise des Unternehmers in der freien Marktwirtschaft nicht unter allen Umständen zur Vollbeschäftigung der Wirtschaft zu führen braucht. Vom volkswirtschaftlichen Gesichtspunkt aus sind dann die Kosten für den Mindestunterhalt der Arbeitslosen als volkswirtschaftliche Gemeinkosten anzusehen. Diese Kosten der Arbeitslosigkeit finden in der betriebswirtschaftlichen Kostenrechnung des Unternehmers in der freien Marktwirtschaft entweder überhaupt keinen Ausdruck oder, wenn wir uns eine freie Marktwirtschaft denken, in der bei vollständiger Konkurrenz auf allen Märkten eine Arbeitslosenversicherung besteht, deren Beiträge — wie dies heute bei uns der Fall ist — z. T. als Abzug von dem Lohn der Arbeitnehmer, z. T. durch einen vom Arbeitgeber in entsprechender Höhe zu zahlenden Zuschuß aufgebracht werden, dann ist die Auswirkung der allgemeinen Kosten der Arbeitslosigkeit auf den Unternehmer von der Zahl und dem Lohneinkommen der Arbeitnehmer abhängig, die er noch beschäftigt, statt von der Zahl der Arbeitslosen, die von ihm selbst entlassen worden sind. Bei der Kalkulation des technischen Fortschritts wirkt sich dies so aus, daß die Kosten, die der Volkswirtschaft bei Unterbeschäftigung durch die Entlassung von Arbeitnehmern infolge der neuartigen Verwendung von Arbeit ersparenden Maschinen entstehen, in der Kalkulation des diese Maschinen anschaffenden Unternehmers nicht berücksichtigt werden. Dieser Unternehmer rechnet sich eine Kostenersparnis aus, die ihn zur Anschaffung der Maschinen bringt, auch wenn sie geringer ist, als die Mehrkosten, die der Volkswirtschaft durch die Entlassung von Arbeitern entstehen, weil sie diese während der Zeit ihrer Arbeitslosigkeit in irgend einer Form unterhalten muß. Hierbei ist auch nicht nur an die Leistungen der Arbeitslosenversicherung zu denken, sondern ebenso an die Beträge, die den Arbeitslosen zur Bestreitung ihres Unterhalts aus der öffentlichen Fürsorge oder von Verwandten zugewendet werden, ja sogar an die Ersparnisse der Arbeitslosen selbst, die diese aufbrauchen. Wenn wir davon ausgehen, daß nach den sittlichen Anschauungen, die den Staat und seine Politik beherrschen, die Volkswirtschaft unter allen Umständen den Mindestunterhalt jedes einzelnen Staatsbürgers sicherstellen muß, so sind die Kosten dieses Mindestunterhalts geradezu als **fixe Kosten der Volkswirtschaft anzusehen und in der Wirtschaftspolitik bei allen Entscheidungen als solche zu behandeln.** Die Verwendung einer arbeitsparenden Maschine ist demnach vom volkswirtschaftlichen Standpunkt aus erst dann gerechtfertigt, wenn entweder die Volkswirtschaft voll beschäftigt ist und sich in der betriebswirtschaftlichen Rechnung aus ihrer Verwendung ein Vorteil ergibt, oder wenn in einer unterbeschäftigten Volkswirtschaft durch den zu erzielenden Kostenvorteil auch die geschilderten fixen Kosten gedeckt werden.

In der freien Marktwirtschaft würde in dieser Beziehung dann eine Übereinstimmung zwischen betriebswirtschaftlicher und volkswirtschaftlicher Rechenweise erreicht werden können, wenn die Kosten der Arbeitslosigkeit demjenigen Unternehmer auferlegt werden würden, der Arbeiter entläßt. Wie durch zweckmäßige Formulierung der entsprechenden gesetzlichen Bestimmungen die hierbei auftauchenden Schwierigkeiten im einzelnen zu überwinden wären kann nicht Gegenstand dieser Untersuchung sein. Es sollte lediglich auf diese Frage hingewiesen werden.[1]).

---

1) Vgl. m. Artikel „Reform d. Arbeitslosenversicherung" i. „Recht u. Wirtschaft" 1947, Nr. 20, S. 2—3 und „Volkswirtschaftliche Kosten der Arbeitslosigkeit" i. „Mindener Briefe", 1949, S. 408.

8. Freie Marktwirtschaft in anderen Marktformen als der vollständigen Konkurrenz.

Bisher sind wir davon ausgegangen, daß bei freier Marktwirtschaft vollständige Konkurrenz auf allen Märkten herrscht, und es hatte sich ergeben, daß selbst unter diesen Voraussetzungen, die am meisten den Vorstellungen der liberalen Schule entsprechen, wichtige Abweichungen zwischen volkswirtschaftlicher und betriebswirtschaftlicher Kostenrechnung möglich sind. Es handelt sich hierbei nicht um begrenzte Störungen, die wegen ihrer Unwichtigkeit vernachlässigt werden könnten, sondern um Abweichungen, die infolge der technischen Entwicklung und der gegenseitigen Verstärkung der Fehler für die Volkswirtschaft von entscheidender Bedeutung geworden sind. Allein bei den volkswirtschaftlichen Kosten der Arbeitslosigkeit kann es sich in naher Zukunft wie in den Jahren der Weltwirtschaftskrise um Milliardenbeträge handeln, aber auch in normalen Zeiten sind es jährlich viele Millionen Mark

Außer der vollständigen Konkurrenz kommen noch zahlreiche andere Marktformen vor, z. B das Monopol, das Dyopol und das Oligopol entweder nur auf der Angebots- oder nur auf der Nachfrageseite des Marktes oder auf beiden Marktseiten (zweiseitiges Monopol usw), ferner Kollektivmonopole, Teilmonopole, unvollständige Konkurrenz (Konkurrenz zweier oder mehrerer Monopolisten) und polypolistische Konkurrenz. Auch Preisdifferenzierung und Dumping sind in diesem Zusammenhang zu besprechen, weil sie Erscheinungsformen monopolistischer Preispolitik sind. Da keine der genannten Marktformen zu ihrer Entstehung unbedingt einen staatlichen Eingriff in die Wirtschaft voraussetzt, sind sie auch bei freier Marktwirtschaft möglich, wenn auch die freie Marktwirtschaft die Möglichkeiten zur Entstehung solcher Marktformen vermindert, weil durch sie der Kreis möglicher Konkurrenten vergrößert wird Ob ein Dumping dabei denkbar ist, werden wir noch erörtern

Bei allen genannten Marktformen gilt für die eigene Kostenrechnung des Monopolisten usw dasselbe wie bei der vollständigen Konkurrenz. Auch diese Unternehmer lassen sich in ihrem Verhalten nicht von den volkswirtschaftlichen, sondern von den eigenen betriebswirtschaftlichen Kosten bestimmen Auch bei ihnen ist derselbe Rentabilitätsspielraum der Arbeitsverwendung gegeben wie bei vollständiger Konkurrenz, und die Lohnelastizität der Nachfrage nach Arbeitsleistungen weist keine Besonderheiten auf; auch für den Zins und die Kosten technischer Fortschritte gilt dasselbe wie bei vollständiger Konkurrenz (dagegen hat der Monopolist die Möglichkeit, einen technischen Fortschritt, dessen **volkswirtschaftlicher Ertrag** nicht ihm, sondern dem Verbraucher zugutekommen würde, zu verzögern, was dem Hersteller bei vollständiger Konkurrenz nicht möglich ist. Hier ist z. B. an technische Fortschritte zu denken, die die Lebensdauer der Ware verlängern) Ebenso gelten bei Monopolisten usw. dieselben Gedankengänge, die wir oben über Steuern, Zölle und volkswirtschaftliche Gemeinkosten. besonders über die volkswirtschaftlichen Kosten der Arbeitslosigkeit angestellt haben Jedoch sind die Preise, die die Unternehmer erzielen, bei Investitionsgütern Kosten der nächsten Produktionsstufen, so daß die Theorie der Preisbildung dieser Marktformen für die volkswirtschaftliche Beurteilung der Kostenrechnung jener späteren Produktionsstufen von Bedeutung ist. Aber auch bei Verbrauchsgütern interessiert vom volkswirtschaftlichen Standpunkt aus, ob die Knappheitsverhältnisse der Produktionsmittel sich in der Preisbildung unverfälscht bis zum letzten Verbraucher durchsetzen und ob sie in dem zum Ausdruck kommen, was ihn die Ware kostet. Die Kostenrechnung der auf den Monopolisten usw. folgenden Produktionsstufen bringt zwar in allen Fällen die tatsächliche Knappheit des betreffenden Gutes in der Volkswirtschaft (mit den schon aus dem Abschnitt über die vollständige Konkurrenz bekannten Einschränkungen) richtig zum Ausdruck, denn diese hängt ja wie der Preis von dem Umfang des tatsächlichen Angebots ab, u. U. aber nicht die Knappheit der zur Erzeugung dieses Gutes dienenden Produktionsmittel, weil der Preis von der Kostengrundlage losgelöst ist, in der die Knappheit der Produktionsmittel zum Ausdruck kommt. Diese Loslösung des Preises von der Kostengrundlage tritt in verschiedenen Formen auf: einige Marktformen sind mit einer Einschränkung der Produktion gegenüber der Erzeugungsmenge bei vollständiger Konkurrenz bzw. mit einer Erhöhung des Preises gegenüber dem Konkurrenzpreis verbunden, andere sind theoretisch gleichgewichtslos, und in vielen Fällen besteht eine Preisdifferenzierung für verschiedene Teilmärkte eines unvollkommenen Gesamtmarktes.

Als Beispiel einer **Marktform mit Einschränkung der Erzeugung** wollen wir das Monopol[1]) besprechen, weil dies derjenige Grenzfall ist, bei dem die Stellung des Unternehmers gegenüber dem Käufer am stärksten und die Möglichkeit zur Loslösung des Preises von der Kostengrundlage am größten ist. Von einem Monopol sprechen wir, wenn ein bestimmtes Gut nur von einem Betrieb hergestellt und angeboten wird. Für den Monopolisten gilt die Unabhängigkeit des Preises nicht, da er entweder die Absatzmenge oder den Preis beliebig festsetzen kann. Während für den Anbieter bei vollständiger Konkurrenz der Preis als Plandatum gegeben ist, ist Plandatum für den Monopolisten nur die Kurve der gesamten Nachfrage.

Der Erlöszuwachs bei Steigerung der Absatzmenge um eine Mengeneinheit, den wir den Grenzerlös nennen, ist beim Monopolisten kleiner als der Preis, denn wenn er die Absatzmenge um eine Mengeneinheit vergrößert, nimmt der Erlös um den bisherigen Preis dieser Einheit zu, durch die Erhöhung des Angebots aber sinkt andererseits der Preis, so daß der Erlös zugleich um das Produkt aus der Preissenkung und der gesamten Absatzmenge (abzüglich der neu hinzugefügten Mengeneinheit) abnimmt. Der Gewinn des Monopolisten ist darum am größten bei der Absatzmenge, bei der seine Grenzkosten dem Grenzerlös gleich sind, und er wird bei betriebswirtschaftlich richtiger Rechnung diese Absatz-

1) Vgl. hierzu: v. Stackelberg. Grundzüge. S. 108 ff. und Haberler. Der internationale Handel S. 164/5 und S. 41 ff.

menge bzw. den zugehörigen Preis wählen (Gesetz des erwerbswirtschaftlichen Angebots). Da der Grenzerlös niedriger liegt als der Preis, muß dieser über den Grenzkosten liegen, die dem Grenzerlös gleich sind. Andererseits entspricht bei vollständiger Konkurrenz die Angebotskurve, deren Schnittpunkt mit der Nachfragekurve den Gleichgewichtspreis anzeigt, den zusammengesetzten Grenzkostenkurven der Einzelproduzenten und der Gleichgewichtspreis ist nach dem Satze des erwerbswirtschaftlichen Konkurrenzangebotes gleich den Grenzkosten. Das konkurrenzwirtschaftliche Gleichgewicht liegt im Bereich zunehmender Grenzkosten, weil bei unabhängigem Preis und sinkenden Grenzkosten durch eine Vergrößerung der Ausbringung eine Erhöhung des Gewinnes erreicht werden könnte. Folglich ist der Monopolpreis höher als der Konkurrenzpreis, denn er liegt über den Grenzkosten, die dem Konkurrenzpreis gleich sind, und die Absatzmenge des Monopolisten ist kleiner als die bei vollständiger Konkurrenz angebotene Menge. Die Größe des Unterschiedes zwischen Grenzerlös und Preis und damit die Größe des Abstandes des Monopolpreises vom Konkurrenzpreis hängt von der Preiselastizität der Nachfrage ab. Je geringer die Preiselastizität der Nachfrage, desto größer der Unterschied zwischen Grenzerlös und Preis bzw. zwischen Monopolpreis und Konkurrenzpreis oder Monopolmenge und Konkurrenzmenge. (Cournotscher Satz) [1]). Die Monopolpreisbildung hat von jeher besonders dann zur Kritik herausgefordert, wenn Monopolisten nützliche Güter vernichtet haben, weil mehr Mengeneinheiten des Gutes vorhanden waren, als zum Monolpreis hätten abgesetzt werden können. Von Mises [2]) z. B. berichtet, die Niederländisch-Ostindische Kompanie, die im 17. Jahrhundert ein Kaffeemonopol auf dem europäischen Markt gehabt hat, habe damals schon Kaffeevorräte vernichtet. Ebenso habe die griechische Regierung Korinthen vernichten lassen, um den Korinthenpreis erhöhen zu können. Diese Fälle sind typisch für alle Marktformen mit abhängigen Preisen, die ein Gleichgewicht kennen, also nicht nur für das Monopol. Von **Neurath** [3]) hat mit Recht darauf hingewiesen, daß die Einschränkung der Produktion durch den Monopolisten der Vernichtung der Bedarfsartikel nahe kommt. Der Unterschied beider Fälle liegt darin, daß bei der Einschränkung die veränderlichen Kosten gespart werden, die bei der Vernichtung bereits aufgewendet worden sind. Bei der Einschränkung der Produktion zwecks Hochhaltung des Monolpreises werden Produktionsmittel in eine Verwendung gedrängt, in der sie weniger Nutzen stiften, als sie in der monopolistisch betriebenen Produktion hätten stiften können, wenn diese Erzeugung nicht eingeschränkt worden wäre. Der Nutzen, den die nicht spezifischen Produktionsmittel in einer anderen Verwendung hätten stiften können, ist durch die Grenzkosten gekennzeichnet; der Nutzen, den

1) Dies verkennt Heimann (Mehrwert und Gemeinwirtschaft, Verl. Hans R. Engelmann, Bln. 1922. S. 127), wenn er behauptet, bei einem Kohlenmonopol sei eine Einschränkung der Erzeugung kaum zu erwarten, weil die Nachfrage nach Kohle eine geringe Preiselastizität aufweise.

2) v. Mises. Gemeinwirtschaft. S. 378.

3) Otto v. Neurath. Wirtschaftsplan und Naturalrechnung. Von der sozialistischen Lebensordnung und vom kommenden Menschen. E. Laub'sche Verlagsbuchhandlung. Berlin W 30. S. 49 ff.

sie in der Produktion des Monopolisten stiften könnten, wenn sie darin eingesetzt würden, durch die Nachfragekurve unterhalb ihres Schnittpunktes mit der Grenzkostenkurve, der die Höhe des Konkurrenzpreises angibt. Der Nachteil, den die Volkswirtschaft durch die Monopolpreisbildung gegenüber der Preisbildung bei freier Konkurrenz hat, ist gleich der Differenz zwischen dem Nutzen der Konsumenten bei der dem Konkurrenzpreis entsprechenden Menge und ihrem Nutzen bei der dem Monolpreis entsprechenden Menge, jedoch vermindert um den Mehrgewinn des Monopolisten und um die Mehrkosten die durch die höhere Produktion bei vollständiger Konkurrenz entstehen würden. In der Regel kommt hinzu, daß der Zuwachs an Kaufkraft bei dem — ohnedies schon kaufkräftigen — Monopolisten geringeren Grenznutzen hat als der entsprechende Verlust an Kaufkraft bei der Masse der Verbraucher.[1])

Für die Beurteilung der Preisbildung des Monopols spielt es keine Rolle, ob Monopolist ein Einzelunternehmer, eine Gemeinde oder der Staat ist. Sobald Gemeinde oder Staat als Monopolisten sich statt von volkswirtschaftlichen nur von fiskalischen Gesichtspunkten leiten lassen und nach Erzielung des höchstmöglichen Monopolgewinnes streben, ist die Wirkung auf die Kostenrechnung der Abnehmer des Unternehmens dieselbe wie bei einem Einzelunternehmer. Gerade die Gemeinden und Gemeindeverbände als Eigentümer der Versorgungsbetriebe ließen sich in ihrer Tarifpolitik so stark von dem Streben zur Steigerung der Monopolgewinne daraus leiten, daß durch besondere staatliche Gesetze die Tarife und die sog. „Konzessionsabgaben" geregelt werden mußten. Man wird die schädlichen Folgen der Monopole daher durch bloße Enteignung zu Gunsten der öffentlichen Hand nicht verhindern können, sondern eher schon dadurch, daß man durch eine „Monopolsteuer" oder ähnliche Maßnahmen die Entstehung besonderer Monopolgewinne unmöglich macht ohne Rücksicht darauf, wer Eigentümer des Betriebes ist. Produktionseinschränkungen zur Vergrößerung der Rentabilität sind keine Eigentümlichkeit des modernen Kapitalismus (Max Weber).

Ein Gleichgewicht kennen nur die Marktformen der vollständigen Konkurrenz, des Monopols einschließlich des Kollektivmonopols und der **polypolistischen Konkurrenz.** Für die polypolistische Konkurrenz gilt dasselbe wie für das Monopol. Wir sprechen von polypolistischer Konkurrenz, „wenn auf einem unvollkommenen Markt mit vielen Anbietern (und Nachfragern) jeder Produzent mit vielen anderen Produzenten **gleichmäßig** um die Absatzmöglichkeiten konkurriert".[2]) Auf seinem Teilmarkt handelt hier der Unternehmer wie ein Monopolist und setzt seine Grenzkosten dem Grenzerlös gleich, so daß sein Verkaufspreis je nach der Preiselastizität der Nachfrage auf seinem Teilmarkt mehr oder weniger über den Grenzkosten und damit über dem Konkurrenzpreis liegt. Daher gilt für die Beurteilung der Wirkung der Preisbildung bei polypolistischer Konkurrenz auf die Kostenrechnung späterer Produk-

1) Heimann. Mehrwert. S. 127. Vgl. über Monopolschaden auch Carl Landauer. Verkehrswirtschaft und Planwirtschaft. S. 34 ff.
2) von Stackelberg. Grundzüge. S. 121 und 193.

tionsstufen dasselbe wie beim Monopol, wenn auch in engerem Rahmen, weil sofort neue Unternehmer auftreten, wenn sich für sie eine Gewinnchance bietet.

Im Gegensatz zu den genannten drei Grenzfällen sind **oligopolistische** und **zweiseitig monopolistische Marktformen theoretisch gleichgewichtslos.** Bei ihnen ist daher eine allgemeine Aussage über die Wirkung der zu ihnen gehörenden Preisbildung auf die volkswirtschaftliche Richtigkeit der Kostenrechnung späterer Produktionsstufen nicht möglich, denn solange kein Gleichgewicht möglich ist, fehlt eine feste Beziehung zwischen Preis und Produktionskosten. Zwar ist auch beim Monopol und bei der polypolistischen Konkurrenz der Preis von der Kostengrundlage losgelöst, aber dort ließ sich doch noch aussagen, daß er im Gleichgewichtszustand über dem durch die Knappheitsverhältnisse der Produktionsmittel gebotenen Stand liegen muß. Ist dagegen eine Marktform theoretisch gleichgewichtslos, dann kann der Preis sowohl über wie unter dem Konkurrenzpreis liegen oder auch mit ihm zusammenfallen. Liegt er unter dem Konkurrenzpreis, also unter den Grenzkosten, so sprechen wir von **ruinöser Konkurrenz.** In diesem Falle führt der Produktpreis in der Kostenrechnung der nächsten Produktionsstufe zur Errechnung von Produktionskosten, die unter den volkswirtschaftlich richtigen liegen. Erst wenn die genannten Marktformen auf irgendeine Weise durch eine Marktform mit Gleichgewicht ersetzt sind, kann überhaupt volkswirtschaftlich richtig gerechnet werden.

Wenn der Markt des Monopolisten ein unvollkommener Markt ist, d. h. wenn sachliche Unterschiede zwischen den angebotenen Gütern, personelle Differenzierungen im Verhältnis zwischen dem Anbieter und den verschiedenen Nachfragern, räumliche oder zeitliche Differenzierungen für die einzelnen abzuschließenden Geschäfte bestehen, vermag er diesen Unterschieden entsprechend verschiedene Preise zu fordern, die sich nicht nach seinen Produktionskosten, sondern nach der Zahlungsbereitschaft der Abnehmer richten. Als Beispiel dieser monopolistischen **Preisdifferenzierung** sei der Gaspreis genannt. Für das Gas werden von verschiedenen Abnehmern verschiedene Preise genommen, je nach dem, welchen Gaspreis die betreffende Produktion des Abnehmers tragen kann. Man spricht hier geradezu von „anlegbaren Gaspreisen". Auch bei der Preisdifferenzierung spielt es keine Rolle, ob der Monopolist eine Einzelperson oder eine öffentliche Körperschaft ist. Es ist für sie noch nicht einmal Bedingung, daß die betreffende Körperschaft Gewinne erzielen will. Auch wenn sie mit Deckung ihrer Kosten zufrieden ist, kann sie es für zweckmäßig halten, die Preise nach der Leistungsfähigkeit der Kunden zu staffeln. Die Tarifpolitik der Eisenbahnen und der öffentlichen Versorgungsbetriebe bietet eine große Zahl von Beispielen. „Der sogenannte Werttarif ist in seinen verschiedenen Ausprägungen ein typisches Beispiel für die monopolistische Preisdifferenzierung entsprechend der Belastbarkeit der Nachfrager. Der Staffeltarif beruht daneben auch auf Kostenunterschieden der Transportleistung. Der Personentarif hat zum Kostenunterschied etwa zwischen der ersten und der zweiten Klasse nur sehr geringe Beziehungen, dafür um so mehr zu der Zahlungsbereitschaft des Fahrgastes" [1]) Die Elektrizitätswerke haben besondere Tarife für Lichtstrom, Kraftstrom, Haushaltstarife, Gewerbetarife, Nachtstromtarife und Sonderabmachungen für Großabnehmer. Hier ist zwar auch eine gewisse Unterschiedlichkeit in den Kosten gegeben, weil die Verteilungskosten bei den Kleinabnehmern mehr ausmachen als bei den größeren und Großabnehmern, aber in erster Linie hängt die Differenzierung der Tarife doch auch hier mit der Zahlungswilligkeit der Abnehmer zusammen. Ein weiteres bekanntes Beispiel sind die Preisunterschiede der Plätze in Theatern und Lichtspielhäusern. Hier wird eine räumliche Differenzierung in Bezug auf die Entfernung zur Bühne durch gewollte Maßnahmen (bessere Ausstattung der günstigeren Plätze) verstärkt und zur Preisdifferenzierung zwecks Ausnutzung der verschiedenen Zahlungsfähigkeit der Besucher verwendet. So lange sich die Grenzkosten für die einzelnen Teilmengen der Produktion feststellen lassen, auf die die Preisdifferenzierung sich bezieht, stellen für einen Unternehmer, der dem Erwerbsprinzip folgt, die Grenzkosten die Untergrenze dar, unter die die niedrigste Preisklasse nicht sinken kann Kann aber die Produktion nur für alle Preisklassen zugleich vermindert oder vergrößert werden, so ist eine getrennte Berechnung der Grenzkosten nicht möglich, dann ist der einzelne Preis noch mehr von der Kostengrundlage losgelöst, als dies schon beim einfachen Monopolpreis der Fall ist. Wo die betreffenden Güter oder Leistungen wieder als Kostengüter in die Betriebsrechnung eines Abnehmers eingehen, hat diese Rechnung gar keine Beziehung mehr zu den wirklichen volkswirtschaftlichen Kosten und zur Knappheit der für die Herstellung benutzten Produktionsmittel. Bei öffentlichen Unternehmen (z. B Reichsbahn) kann der unterste Preis in jedem Falle unter den Grenzkosten liegen. Die Differenz stellt eine Subvention dar

Als aufschlußreiches Beispiel wollen wir den Fall einer niedrigeren Preisfestsetzung für den Auslandsabsatz noch etwas ausführlicher besprechen, den wir **Dumping** nennen [2])

Beim Dumping wird eine räumliche Differenzierung (Inland-Ausland) für eine Preisdifferenzierung ausgenutzt. Man versteht nach Haberler unter Dumping den „Verkauf einer Ware ins Ausland zu einem Preis, der niedriger ist als der Verkaufspreis derselben Ware zur gleichen Zeit unter sonst gleichen Umständen (d. i gleichen Zahlungsbedingungen u. dgl) im Inland, unter Berücksichtigung des Unterschiedes in den Transportkosten" [3]) Voraussetzung eines Dumpings ist eine Einschränkung der freien Konkurrenz am Inlandmarkt und das Vorhandensein eines wirksamen Hindernisses für das Zurückströmen der billiger im Ausland verkauften Ware ins Inland. Solche Hindernisse können durchaus auch bei Freihandel bestehen, z B in den Transportkosten oder vereinbarten Verkaufsverboten; bei gelegentlichem kurzfristigen

---

1) v. Stackelberg. Grundzüge. S. 122.
2) Vgl Haberler. Der internationale Handel. S. 218 ff. u. Seite 223 ff. und v. Stackelberg. Grundzüge. S 122—1 3.
3) Haberler a. a. O. S. 219.

Dumping genügt bereits die Unübersichtlichkeit des Marktes. In der Regel und für ein dauerndes Dumping von größerem Ausmaß ist jedoch ein Einfuhrzoll des Ausfuhrlandes Voraussetzung, so daß wir das Dumping streng genommen in dem Abschnitt über die gelenkte Wirtschaft besprechen müßten. Wegen des Zusammenhanges mit der monopolistischen Preisdifferenzierung ist es aber zweckmäßiger, es schon an dieser Stelle zu behandeln. Das Gleichgewicht wird beim Monopolisten erreicht, wenn Grenzkosten, Grenzerlös im Inland und Grenzerlös im Ausland einander gleich sind. Der Preis ist dabei auf dem Markt höher, auf dem die Elastizität der Nachfrage, mit der der Monopolist rechnen muß, im Gleichgewichtspunkt niedriger ist; die Preisdifferenzierung beruht auf der verschiedenen Preiselastizität der Nachfrage auf den verschiedenen Märkten.

Beim Dumping privater Monopolisten stellen die Grenzkosten die Untergrenze des Dumpingpreises dar Im Grenzfalle, in dem die freie Konkurrenz nur auf dem Inlandsmarkt beschränkt ist, auf dem Auslandsmarkt dagegen Unabhängigkeit des Preises gilt, ist der Dumpingpreis gleich den Grenzkosten. In diesem Falle sind vom Gesichtspunkt der volkswirtschaftlichen Kostenrechnung nur die überhöhten Inlandspreise, nicht aber der Dumpingpreis zu beanstanden; es gilt für ihn dasselbe wie für den Konkurrenzpreis, d. h. für seine wirtschaftspolitische Beurteilung ist statt von den betriebswirtschaftlichen von den volkswirtschaftlichen Kosten auszugehen Besteht auch auf dem Auslandsmarkt eine Beschränkung der Konkurrenz, so daß der Dumpingpreis noch über den Grenzkosten liegt, so ist dies für die Volkswirtschaft nur von Vorteil. Anders beim staatlichen Dumping (z. B durch Ausfuhrprämien), wenn es — wie bisher üblich — nicht von einer volkswirtschaftlichen Grenzkostenrechnung ausgeht. Hier kann der Dumpingpreis auch noch unter den Grenzkosten des Herstellerbetriebes liegen. Dies kann z. B. bei großer inländischer Arbeitslosigkeit berechtigt sein, weil die volkswirtschaftlichen Grenzkosten tatsächlich unter den Grenzkosten des Herstellerbetriebes liegen, aber diese Frage bedarf eben zuvor einer rechnerischen Klärung

Die weitere Beurteilung des Dumpings nach der volkswirtschaftlichen Kostenrechnung muß von seiner Rückwirkung auf den Inlandspreis ausgehen, da sich die Knappheit der Produktionsmittel nur über den Inlandspreis auf die Kostenrechnung nachfolgender Gewerbestufen auswirken kann. Vergleichen wir den Inlandspreis ohne Ausfuhr mit dem Inlandspreis bei gleichzeitiger Dumpingausfuhr bei sinkenden Grenzkosten, so finden wir, daß sie zu einer Senkung des Inlandspreises führt, weil durch sie die Gesamtabsatzmenge erhöht wird, bei der höheren Absatzmenge die Grenzkosten niedriger sind und der inländische Monopolpreis so festgesetzt wird, daß der Grenzerlös im Inland (gleich dem Grenzerlös im Ausland und) gleich den Grenzkosten ist. Bei konstanten Grenzkosten führt die Dumpingausfuhr zu keiner Veränderung des Inlandspreises; bei steigenden Grenzkosten zu einer Erhöhung.

Vergleichen wir den Inlandspreis bei Preiseinheit mit dem Inlandspreis bei Dumping, so müssen wir zwei Fälle unterscheiden: im ersten Fall macht nur die Möglichkeit der Preisdifferenzierung die Ausfuhr gewinnbringend. Die Ausfuhr unterbleibt daher, wenn das Dumping verhindert wird. Dieser Fall unterscheidet sich nicht von der bisherigen Fragestellung. Anders, wenn der Monopolist die Ausfuhr auch vorteilhaft findet, wenn er im In- und Ausland denselben Preis berechnen muß. Nach Auffassung von Haberler muß dann der Inlandspreis infolge der Diskrimination sowohl bei steigenden und konstanten wie auch bei sinkenden Kosten steigen, wenn die Elastizität der Nachfrage im Ausland größer ist als im Inland. Für die Wirtschaftsrechnung kommt es darauf an, ob die Steigerung oder Senkung des Inlandpreises durch das Dumping den Grenzerlös näher an den Preis heranrückt oder weiter von ihm entfernt, denn wenn der Grenzerlös und Preis einander gleich sind, sind sie auch den Grenzkosten gleich, und je geringer die Abweichungen zwischen beiden, desto genauer der Ausdruck der Knappheit der Produktionsmittel durch den Preis in der Kostenrechnung nachfolgender Stufen.

Eine restlose Klärung des Unterschiedes zwischen volkswirtschaftlicher und betriebswirtschaftlicher Kostenrechnung bei freier Marktwirtschaft würde eine Auseinandersetzung mit der gesamten Literatur der sogenannten „Kathedersozialisten“ erfordern, die sich mit der Kritik einer rein an der Rentabilität orientierten Wirtschaft befaßten. Das weitschichtige Problem der Abweichung zwischen privatwirtschaftlicher Rentabilität und volkswirtschaftlicher Produktivität wäre zu erörtern. Dies geht jedoch weit über den dieser Arbeit gegebenen Rahmen hinaus, und es muß hier bei diesem Hinweis bleiben.

D. Volkswirtschaftliche Kostenrechnung in der sozialistischen Wirtschaft

1. Die Ziele des Sozialismus und seine Pläne zur Umgestaltung der Wirtschaft.

Der Sozialismus ist eine vielfältige Bewegung mit zahlreichen verschiedenen Richtungen und einander z. T. widerstrebenden Anschauungen. Man kann einer solchen geschichtlichen Erscheinung ihren vernünftigen Sinn nur abgewinnen, wenn man nach ihren Zielen fragt, und wo —wie hier — sich auch diese bei den verschiedenen Richtungen zu widersprechen scheinen, danach, welche dieser Zielsetzungen ihm seine gewaltige Anhängerschaft verschafft haben mag. So gewinnt man eine Rangordnung der verschiedenen Ziele und vermag einen Teil davon wiederum als Mittel zu jenen wichtigsten Zielsetzungen zu erkennen und auf ihre Eignung für diese Zwecke zu prüfen. Es ist nicht gesagt, daß jeder sozialistische Leser diese Rangordnung ohne weiteres anerkennen würde; in dieser gedanklichen Ordnung liegt also bereits eine Stellungnahme. Diese aber ist notwendig, um sich in der Fülle der Erscheinungen überhaupt zurechtzufinden.

Der letzte Sinn aller sozialistischen Bestrebungen liegt in dem Wunsche, die besitzlosen Teile der Bevölkerung, insbesondere die Industriearbeiterschaft und die untersten sozialen Schichten der Angestellten **glücklicher** zu machen. Unter „Glück" wird hierbei jedes positive Gefühl einer Werterfüllung verstanden, nicht nur jene seltenen Augenblicke, in denen das Bewußtsein von solchen Gefühlen **ganz** erfüllt ist. Hierzu erstrebt der Sozialismus einerseits eine neue, bessere, umfassendere und tiefere Gemeinschaftsbildung und andererseits eine Verbesserung der Lebenslage der besitzlosen Klasse durch Erhöhung ihres Realeinkommens.

Dieser tiefsten Sehnsucht von Millionen Menschen haben Marx und Engels versucht, einen wissenschaftlichen Ausdruck zu geben. Sie verlangten die Beseitigung der Ausbeutung der besitzlosen durch die besitzenden Klassen durch eine grundlegende Veränderung der gesellschaftlichen Organisation. Die Ausbeutung wird insbesondere darin gesehen, daß in der auf dem Privateigentum am Boden, an den Erzeugungsmitteln und den Verbrauchsgütern beruhenden Wirtschaftsordnung selbsttätig arbeitsloses Einkommen entsteht, das dem Eigentümer der sachlichen Produktionsmittel einschließlich des Bodens zufließt. Um solches arbeitslose Einkommen zu beseitigen, soll das Privateigentum an den Produktionsmitteln beseitigt und die gesamte Gütererzeugung von der Gesellschaft selbst als Eigentümerin der vergesellschafteten Produktionsmittel nach einem allumfassenden Wirtschaftsplan übernommen werden. Durch eine einzige Wirtschaftspersönlichkeit, die Gesellschaft, soll eine planmäßige Produktion und planmäßige Verteilung stattfinden. Um die Ausbeutung unmöglich zu machen, soll jegliche Zirkulation von Ware und Geld zwischen den einzelnen Gliedern der Gesellschaft aufhören, jeder soll einzeln der Gesellschaft als solcher gegenüberstehen. Dadurch würde die Wirtschaft von selbst zu einer geld- und verkehrslosen Verwaltungswirtschaft. Ein Teil der Marxisten will den Gesellschaftsumschwung mit Gewalt durch Errichtung der Diktatur des Proletariats erreichen und strebt letzten Endes nach einer idealen kommunistischen Weltordnung, die klassenlos sein und das Gratisprinzip der Darbietung von Leistungen durch den Staat an die Einzelnen ohne spezielle Gegenleistung auf die gesamte Wirtschaft ausdehnen soll; ein anderer will die sozialistische Zukunftsordnung auf demokratischem Wege durch Mehrheitsbeschluß erreichen.

Eine vollständige wissenschaftliche Kritik dessen, was der Sozialismus erstrebt, ist im Rahmen der Wirtschaftswissenschaft nicht möglich, denn diese Bestrebungen gehen über den Rahmen der Wirtschaft weit hinaus. Die Wirtschaftswissenschaft kann nur untersuchen, ob die vorgeschlagenen Veränderungen der Wirtschaftsorganisation in sich logisch sind, ein funktionsfähiges, neues Wirtschaftssystem ergeben, und ob dieses Wirtschaftssystem besser oder schlechter als das von den Sozialisten kritisierte frühere System geeignet ist, das wirtschaftliche Prinzip zu verwirklichen. Die Verwirklichung des wirtschaftlichen Prinzips in der Volkswirtschaft ist gegenüber dem von den Sozialisten erstrebten größten Glück der Volksmasse als abgeleitetes Ziel anzusehen, das zusammen mit anderen jenem Oberziel dienen soll. Die Zusammenschau alles dessen könnte wissenschaftlich nur von einer Einheitswissenschaft vom Leben geleistet werden, innerhalb deren die Wirtschaftswissenschaft einen wichtigen, aber doch begrenzten Platz einzunehmen hätte, und die erst in den Grundzügen vorhanden ist.

Tatsächlich ist von wirtschaftswissenschaftlicher Seite häufig die Behauptung aufgestellt worden, das von den Sozialisten entworfene Wirtschaftssystem der Zukunft entbehre der inneren Logik und sei grundsätzlich funktionsunfähig. Dabei wurde unter anderem besonders die Behauptung aufstellt, in einer sozialistischen Wirtschaft sei jegliche Wirtschaftsrechnung unmöglich, damit aber auch jede Gesamtwirtschaftsführung nach zweckrationalen Gesichtspunkten Wenn diese Behauptung zutrifft, ist ohne weiteres anzunehmen, daß in einer sozialistischen Wirtschaftsordnung auch keine volkswirtschaftliche Kostenrechnung möglich ist, denn diese ist nur ein Teilgebiet jener Wirtschaftsrechnung. Wir müssen uns im Folgenden also mit der Vorfrage beschäftigen, ob in der sozialistischen Wirtschaft eine Wirtschaftsrechnung möglich ist oder nicht. Dabei kann sich u. U. ergeben, daß Wirtschaftsrechnung und rationale Gesamtwirtschaftsführung zwar mit gewissen abgeleiteten Zielsetzungen der Sozialisten unvereinbar sind, daß die höheren und wichtigeren Ziele des Sozialismus aber auch mit anderen Mitteln, insbesondere mit einer anderen gesellschaftlichen Organisation erreichbar sind, die mit den Erfordernissen einer funktionsfähigen Wirtschaft und Wirtschaftsrechnung in Übereinstimmung gebracht werden können.

2. Die Kritik durch Ludwig von Mises.

Die Frage der Wirtschaftsrechnung in der sozialistischen Wirtschaft ist von verschiedenen Verfassern behandelt worden [1]), von denen **Ludwig von Mises** [2]) derjenige ist, dem wir die ausführlichste Stellungnahme in deutscher Sprache verdanken.

Unter „G e m e i n w i r t s c h a f t" versteht von Mises die Wirtschaft des „S o z i a l i s m u s". Er sieht das Wesen des Sozialismus darin, daß alle Erzeugungsmittel in der ausschließlichen Verfügungsgewalt des organisierten Gemeinwesens stehen. Er versucht dann nachzuweisen, daß in einer solchen Wirtschaft, die der Wirkung dieser Ordnung unterliegt, eine Wirtschaftsrechnung unmöglich ist. Die Gründe, die von Mises für die Unmöglichkeit der Wirtschaftsrechnung in der Gemeinwirtschaft anführt, sind folgende

Da es eine Einheit des subjektiven Gebrauchswertes der Güter nicht geben kann, wird in der Verkehrswirtschaft der objektive Tauschwert der Güter zur Einheit der Wirtschaftsrechnung. Dadurch kann die Rechnung auf der Wertung aller Teilnehmer der Wirtschaft aufgebaut werden, was beim subjektiven Gebrauchswert nicht möglich ist. Ferner macht die Rechnung nach Tauschwert ein Urteil über die zweckmäßige

1) Siehe die Literaturübersicht bei Walter Eucken. Die Grundlagen der Nationalökonomie. Jena 1940. S. 283.

2) Ludwig von Mises. Die Gemeinwirtschaft. bes. S. 101 ff, 200 ff.

Verwendung der Güter höherer Ordnung möglich; denn wenn sich ergibt, daß nach dieser Rechnung eine Herstellung nicht wirtschaftlich durchgeführt werden kann, ist dies ein Hinweis darauf, daß an anderer Stelle in der Wirtschaft bessere Verwendungsmöglichkeit für diese Güter bestehen wird. Schließlich ermöglicht die Rechnung nach dem Tauschwert der Güter die Zurückführung ihrer Werte auf eine Einheit. Da alle Güter bestimmte Austauschverhältnisse zueinander haben, kann als Einheit jedes beliebige Gut gewählt werden. In der Geldwirtschaft hat man sich auf das Geld geeinigt.[1]).

Die **Wirtschaftsrechnung in Geld** ist nur unter zwei Voraussetzungen möglich. Es müssen nicht nur die Güter erster Ordnung, die dem unmittelbaren Genuß dienen, sondern auch die Güter höherer Ordnung, die von ihr erfaßt werden sollen, im Tauschverkehr stehen, da sich sonst kein Tauschwert für sie bildet, der der Rechnung zugrunde gelegt werden könnte. Ein Einzelner könnte niemals die Fülle der Produktionsmöglichkeiten übersehen und ohne Hilfsrechnung für jedes einzelne von unendlich vielen Gütern höherer Ordnung unmittelbar evidente Werturteile setzen. Hier müssen ihm die Vielzahl der anderen am Tauschverkehr beteiligten Menschen in einer Art geistiger Arbeitsteilung zu Hilfe kommen. Die zweite Voraussetzung ist die, daß das allgemeine Tauschmittel, das Geld, auch beim Austausch der Produktionsmittel verwendet wird, da sonst der einheitliche Nenner fehlt. [2]) In der sozialistischen Wirtschaft fehlt die Möglichkeit der Wirtschaftsrechnung, weil die Erzeugungsmittel, die ja nicht im Sondereigentum Privater stehen, nicht am Tauschverkehr teilnehmen.[3]) Es bildet sich für sie daher kein Tauschwert, mit dem sie in die Wirtschaftsrechnung eingehen könnten. Selbst wenn das Geld in der sozialistischen Wirtschaft nicht völlig abgeschafft wird, können sich für die Erzeugungsgüter keine Geldpreise und für die Arbeit keine Geldlöhne bilden, und eine Geldrechnung ist nicht möglich.[4]) Wohl ist denkbar, daß die Preise der Erzeugungsgüter, die bei Einführung der sozialistischen Wirtschaft galten, auch weiterhin einer Art „Wirtschaftsrechnung" zugrunde gelegt werden; je mehr sich aber die einzelnen Daten des Wirtschaftslebens im Laufe der Zeit verändern, desto weniger entsprechen diese alten Preise den tatsächlichen Wirtschaftsverhältnissen, und desto weniger kann die auf ihnen beruhende „Wirtschaftsrechnung" zu rationalem, wirtschaftlichem Handeln führen.

In großen Unternehmen kommt es vor, daß eine Abteilung an die andere ihre Erzeugnisse, Materialien und Arbeit zu bestimmten „Verrechnungspreisen' abgibt, wodurch die Feststellung des wirtschaftlichen Erfolges für jede Abteilung einzeln möglich ist. In ähnlicher Weise könnte man in der sozialistischen Wirtschaft zwischen den einzelnen Betrieben einen Austausch zu Verrechnungspreisen einrichten wollen. Auf diesem Wege ist aber eine Lösung der Grundfrage nicht möglich,

1) von Mises. a. a. O. S. 101 — 2.
2) v. Mises. a. a. O. S. 104 — 5.
3) v. Mises. a. a. O. S. 199 — 200.
4) v. Mises. a. a. O. S. 109.

weil die Verrechnungspreise innerhalb der Unternehmung auf den Marktpreisen aufbauen, die sich in der sozialistischen Wirtschaft eben nicht bilden können. Wird aber der Einzelbetrieb zum Eigentümer der Produktionsmittel gemacht, so ist dies nach Auffassung von v. Mises keine sozialistische Wirtschaft mehr, weil dann die Einzelpläne der Einzelbetriebe entscheiden, nicht ein Gesamtplan. Bei einer Aufteilung der Wirtschaft des sozialistischen Gemeinwesens in Abteilungen müsse der Abteilungsleiter, wenn er die volle Verantwortung für das Ergebnis seiner Abteilung tragen solle, auch die freie Entscheidung darüber haben, welche Maschinen, Rohstoffe, Halbfabrikate und Arbeitskräfte er in seiner Abteilung verwenden und von welchen anderen Abteilungen er sie beziehen will.[1])

Die rationelle Durchführung der Produktion im großen Stil wäre in der sozialistischen Wirtschaft leicht möglich, wenn es neben den subjektiven Wertschätzungen der Einzelnen für die verschiedenen Güter **in der Arbeit** eine objektive erkennbare Wertgröße auch in der verkehrs- und geldlosen Wirtschaft gäbe, in der sich kein Tauschwert bildet. Die Anhänger der **Arbeitswerttheorie** stellen sich dementsprechend die Durchführung der Wirtschaftsrechnung in der sozialistischen Wirtschaft so vor, daß die Zahl der Arbeitsstunden, die zur Herstellung verschiedener Güter erforderlich ist, verglichen wird. Dabei müßten auch die Arbeitsstunden mitgerechnet werden, die zur Herstellung der Erzeugungsmittel selbst erforderlich waren. Diese Arbeitsrechnung hat jedoch drei entscheidende Mängel

1. berücksichtigt sie nicht die **Knappheit der sachlichen Erzeugungsmittel,** so wie sie ohne Zutun des Menschen von der Natur zur Verfügung gestellt werden, sondern nur die nachher in sie hineingesteckte Arbeit. Sind diese Güter so knapp, daß sie bewirtschaftet werden müssen, dann muß diese Tatsache auch in der Wirtschaftsrechnung zum Ausdruck kommen, indem ihnen ein entsprechender Wert zugeschrieben wird, ehe Arbeit in sie hineingesteckt ist. Das hierbei auftauchende soziale Problem großen arbeitslosen Einkommens aus Veränderungen der **Grundrente** durch Leistungen nicht des Grundbesitzers, sondern der Gemeinschaft (Bodenreform) läßt sich durch entsprechende Besteuerung lösen und zwingt keineswegs zu einer Verfälschung der Wirtschaftsrechnung zugunsten unveränderter Grundstückspreise.
2. hat die Arbeitsrechnung den Fehler, daß sie den **Gütern der Zukunft** entgegen der Natur des Menschen denselben Wert beilegt wie den Gütern der Gegenwart, also bei Produktionsumwegen die Tatsache nicht berücksichtigt, daß es für den Menschen ein Wertopfer darstellt, auf den sofortigen Verbrauch eines vorhandenen Gutes zu verzichten zugunsten der Möglichkeit, ein damit erzeugtes anderes Gut in der Zukunft verzehren zu können. Wenn es in der sozialistischen Wirtschaft auch kein Leihkapital und keinen Leihzins gibt, so müssen doch auch hier die **kalkulatorischen Zinsen** in der Wirtschaftsrech-

[1]) von Mises. a. a. O. S. 119 ff. und S. 207 — 8.

nung berücksichtigt werden, was in der Arbeitsrechnung nicht möglich ist.

3. der dritte Fehler der Arbeitsrechnung ist der Mangel einer Berücksichtigung der verschiedenen **Arbeitsqualitäten.** Eine Arbeitsstunde eines leitenden Angestellten oder selbständigen Unternehmers kann aber nicht einfach mit einer Arbeitsstunde eines ungelernten Arbeiters gleichgestellt werden, da der leitende Angestellte die größere Verantwortung hat, d. h. da er z. B. durch eine einzige, in Minuten getroffene bessere Entscheidung hunderte von Arbeitsstunden ungelernter Arbeiter einsparen kann, und da nun einmal in der Wirtschaft mit den selteneren und knapperen Gütern sparsamer umgegangen werden muß, als mit den weniger seltenen. Zu den selteneren Gütern zählen auch die Arbeitsstunden qualifizierter Arbeitskräfte. Bestimmte Mengen komplizierterer Arbeit können auch nicht unmittelbar bestimmten größeren Mengen einfacherer Arbeit gleichgesetzt werden, sondern wenn diese Gleichsetzung nicht völlig willkürlich sein soll, dann müssen die verschiedenen Arten der Arbeit erst durch das Zwischenglied der Bewertung ihrer Erzeugnisse auf einen einheitlichen Nenner gebracht werden, d. h. es muß sich erst ein Tauschwert oder ein anderer objektiver Wert der verschiedenen Arbeitsqualitäten bilden.

Damit aber ist die Arbeitsrechnung als undurchführbar nachgewiesen, und es bleibt nur die Möglichkeit der Geldrechnung übrig, wenn man überhaupt eine Wirtschaftsrechnung durchführen will.[1])

Auch die Vergesellschaftung der Banken nach ihrer Verschmelzung zu einer einzigen Zentralbank und die Erhebung dieser Zentralbank zur obersten wirtschaftlichen Lenkungsbehörde würde an der Sache nichts ändern. Diese Zentralbank wäre keine Bank in unserem Sinne mehr, denn sie erteilt keine Kredite, die in der Wirtschaft des sozialistischen Gemeinwesens begrifflich unmöglich sind, und auch ihre sonstigen spezifischen Funktionen würden erlöschen. Die Unmöglichkeit der Wirtschaftsrechnung in der sozialistischen Wirtschaft kann nicht dadurch beseitigt werden, daß die oberste Wirtschaftsbehörde mit ehemaligen Bankangestellten besetzt wird, die auf Grund ihres bisherigen Berufs gut rechnen können, denn wenn die Daten fehlen, von denen allein die Rechnung ausgehen kann, kann auch der beste Rechner nichts helfen. Dasselbe gilt für die Statistik und den Statistiker. Auch die Wirtschaftsstatistik als Erfolgsstatistik setzt die Geldrechnung voraus.[2])

Das sozialistische Gemeinwesen wird, wenn es einigermaßen wirtschaftlich handeln will, auch Außenhandel betreiben. Es wird die Waren ausführen wollen, für die bei ihm die Erzeugungsbedingungen verhältnismäßig am günstigsten sind und die Waren einführen, bei denen sie verhältnismäßig ungünstig sind. Solange es von kapitalistischen Gemeinwesen umgeben ist, besteht die Möglichkeit zur Beur-

---

1) vgl. v. Mises. a. a. O. S. 121 – 4.
2) vgl. v. Mises. a. a. O. S. 125 – 9, und die ausführliche Kritik des „Arbeitsgeldes" bei Arthur Wolfgang Cohn. „Kann das Geld abgeschafft werden?" Jena 1920. S. 75 – 88.

teilung der Erzeugungsbedingungen mittels Geldrechnung auf Grund der im Ausland im freien Verkehr gebildeten Preise. Sobald jedoch sämtliche Gemeinwesen der Welt sozialistisch sind, ist dies nicht mehr möglich, denn da es dann nirgends mehr eine Geldpreisbildung für die Erzeugungsmittel gibt, ist auch dieser Weg zu einer vernünftigen, auf Rechnung beruhenden Wirtschaftsleitung verschlossen.[1])

3. Die Wirtschaftsrechnung in der Sowjetunion.

Man könnte versuchen, ohne auf die Gründe einzeln einzugehen, die für die Unmöglichkeit einer Wirtschaftsrechnung in der sozialistischen Wirtschaft sprechen, den Gegenbeweis durch den Nachweis zu führen, daß in der wirklichen Wirtschaft der Sowjetunion eine Wirtschaftsrechnung stattfindet.[2])

Auch in der Wirtschaft der Sowjetunion wird gerechnet. Die Wirtschaftsstatistik ebenso wie die betriebliche Rechnung ist dort sehr weit ausgebildet, und die Fünfjahrespläne einschl. ihrer Kontrolle bilden ein ungeheures Rechenwerk, das sich mit wirtschaftlichen Dingen befaßt.

Die Wirtschaftspläne der Zentralstellen werden nach Ablauf eines Wirtschaftsjahres für jede einzelne Unternehmung und für die Gesamtheit mit dem wirklichen Produktionsergebnis verglichen, wodurch eine ständige Kontrolle möglich ist. Auf Grund der erreichten Ergebnisse findet dann eine Berichtigung der Planzahlen für das nächste Jahr statt. Eine weitere Kontrolle ist dadurch gegeben, daß der Abnehmer eines Erzeugnisses, sei es ein Verbraucher, sei es ein Betrieb, bei Beanstandungen von Mängeln der gelieferten Ware diese sofort einer Zentralstelle melden kann, was zur Folge hat, daß die betreffende Lieferung dem Lieferanten zunächst nicht gutgeschrieben wird, bis die Mängel behoben sind. Geschieht dies nicht, dann wird die betreffende Lieferung am Jahresschluß bei der Berechnung des Vonhundertsatzes der Planerfüllung nicht berücksichtigt.

Die bloße Tatsache, daß in der Wirtschaft der Sowjetunion gerechnet wird, könnte jedoch noch nicht als Beweis für das Vorhandensein einer Wirtschaftsrechnung in dem in der Einleitung definierten Sinne gelten, denn zu diesem Begriff gehört die Verfolgung des wirtschaftlichen Prinzips durch diese Rechnung, der Vergleich von Kosten und Ertrag. Man spricht aber darüber hinaus auch in der Sowjetunion von Gestehungskosten[3]), man spricht davon, daß die neuen Industriewerke einen Teil ihrer Erzeugnisse ausführen müßten, da der „zahlungsfähige" Bedarf im Inlande nicht ausreiche[4]), und man führt auch in den sowjetischen Betrieben Bücher. Auch das Geld ist nicht abgeschafft.

---

1) v. Mises. a. a. O. S. 218–9
2) So z. B. Enno Bartels im Finanzarchiv 1944. S. 330 u. ff.
3) Nadeschda Schweinfurth. Das Außenhandelsmonopol der Union der Sozialistischen Sowjetrepubliken. Berlin 1934. S. 51.
4) Schweinfurth. Außenhandelsmonopol. S. 116.

Dies deutet mindestens auf den Versuch hin, eine Wirtschaftsrechnung auch in unserem engeren Sinne einer Wirtschaftlichkeitsrechnung durchzuführen, besagt aber noch nichts darüber, ob dieser Versuch mit tauglichen oder untauglichen Mitteln unternommen wird, ob also die Durchführung einer **„richtigen“** volkswirtschaftlichen Kostenrechnung dort möglich ist, einer Kostenrechnung, die ein gegenseitiges Abwägen der verschiedenen Verwendungsmöglichkeiten der Arbeit und der Güter höherer Ordnung gestattet.

Aus verschiedenen Berichten scheint im Gegenteil hervorzugehen, daß die vorhandenen Mittel nicht immer zur Befriedigung der dringendsten Bedürfnisse verwendet werden, und daß die Wirtschaft nicht „richtig“ funktioniert. So wird berichtet, bei dem Bau neuer Industriewerke seien häufig die Baukosten sehr ungenau oder gar nicht berechnet worden. In einem solchen Falle können natürlich die Abschreibungen und damit auch die Summe der Selbstkosten nicht berechnet werden.[1])

Es wird auch immer wieder berichtet, daß die Zusammenarbeit zwischen verschiedenen, in der Produktion aufeinander folgenden Betrieben nicht klappt: der eine Unterlieferer liefert im Verhältnis zu viel, der andere zu wenig Teile; schließlich fällt die Lieferung eines dritten völlig aus, so daß die ganze Produktion unmöglich wird, und die vorhandenen Teile nur noch als Schrott verwendet werden können [2]).

Welche Bedeutung der Wirtschaftsrechnung in der Sowjetunion selbst zugeschrieben wird, geht aus dem Ausspruch Lenins hervor: **„Sozialismus ist Wirtschaftsrechnung!“** Die Wirtschaftsrechnung dient in der Sowjetunion der Kontrolle der Erfüllung des Gesamtwirtschaftsplanes. Dieser Plan enthält nicht nur Ziffern über die naturalen Größenbeziehungen zwischen den einzelnen Planteilen, sondern auch die Preise und Kosten und dementsprechend die Rentabilität der Betriebe werden geplant. Der „Einheitliche Finanzplan“ mit seinem Unterabschnitt „Industrieplan“ enthält Angaben über die Quoten, die der Industrie für Neuinvestitionen und Dotationen aus dem Staatshaushalt zur Verfügung stehen und über die Selbstfinanzierung der Betriebe. Die einzelnen Industrieunternehmungen sind rechnerisch verselbständigt und schließen Wirtschaftsverträge miteinander ab, in denen sie sich zur Lieferung der im Plan vorgesehenen Güter aneinander zu den festgesetzten Preisen verpflichten. Kosten und Preise werden auf Grund des Ergebnisses der vorjährigen Wirtschaftsrechnung festgesetzt. Über die Qualitätskontrolle durch den Abnehmer haben wir bereits gesprochen. Die staatliche Zentralbank hat eine Monopolstellung für den gesamten Zahlungs- und Kreditverkehr, und die Kassenhaltung aller Unternehmungen ist bei ihr konzentriert; jeder unmittelbare Zahlungs- und Kreditverkehr ist unterbunden. Jedes Unternehmen besitzt bei der Bank

1) Die Bücherei des Ostraums. Herausgeg. v. G. Leibbrandt. „Die wirtschaftlichen Möglichkeiten der Sowjetunion“. Bln. S 99—102. Weitere Beispiele bei Brutzkus. Der Fünfjahresplan und seine Erfüllung. Leipzig 1932. S. 26 ff.

2) Brutzkus. Fünfjahresplan. S. 80.

ein laufendes Abrechnungskonto für Zahlungen und Kassenbestände und ein zweites für kurzfristigen Kredit, durch den die Produktion vorfinanziert wird. Zahlungen erfolgen durch Umbuchungen bei der Staatsbank, die erst vorgenommen werden, wenn der Abnehmer bestätigt, daß die Mengen-, Güte- und Preisbestimmungen des Vertrages erfüllt sind. Die Kredite werden nur in Übereinstimmung mit der fortschreitenden materiellen Erfüllung der Planaufgaben im Rahmen der im Plan vorgesehenen Kreditquote gewährt und sind fristgemäß abzudecken. Die gegenwärtigen Preise in der Sowjetunion sind weder Vorkriegspreise, noch Weltmarktpreise, auch nicht Preise des freien Marktes. Die im Plan festgelegten Preise sind politische Preise, die den politischen Zielen der Sowjetunion dienen sollen.

Eines dieser Ziele ist die unbedingte Industriealisierung des russischen Raumes, ein zweites die Verschmelzung der Arbeiterklasse mit dem Bauerntum und ein drittes die Mechanisierung der Landwirtschaft. Man sucht diese Ziele durch eine Preispolitik zu fördern, die durch niedrige Preise (und staatliche Subventionen) der Urproduktion die Selbstkosten und damit die Preise der verarbeitenden Industrie senkt und so bei gleichzeitiger hinreichender Rentabilität der verarbeitenden Industrie eine große Preisschere zwischen Industrie (besonders Landmaschinenindustrie) und Landwirtschaft vermeidet. Es ist **nicht** das Bestreben der Preispolitik und der Gesamtplanung der Wirtschaft, die individuellen Bedürfnisse der Einzelnen in der bestmöglichen Weise zu befriedigen, auch nicht in dem Sinne, daß die Wirtschaftsführung die individuellen Bedürfnisse von höherer Warte aus kritisieren und die richtig verstandenen Bedürfnisse in der bestmöglichen Weise befriedigen wollte, sondern die privaten und kollektiven Bedürfnisse der Einzelnen sind der Wirtschaftsführung gleichgültig, und sie verfolgt ohne Rücksicht darauf ihr Ziel der Technisierung um jeden Preis und der Vernichtung der Klassenunterschiede durch eine **einheitliche Produktionsweise.**[1])

Eine wirklich wissenschaftliche, d. h. vollständige Analyse des riesigen Gebildes der Wirtschaft der Sowjetunion läßt sich aus dem spärlich vorhandenen Material nicht durchführen. Es ist auch zu berücksichtigen, daß die allermeisten Veröffentlichungen über die russische Wirtschaft entweder eine freundliche oder eine feindliche Tendenz gegenüber dem Bolschewismus verfolgen und wegen ihrer tendenziösen Färbung mit Vorsicht zu verwerten sind. Nicht nur die Frage, ob in der Sowjetunion eine einigermaßen „richtige" volkswirtschaftliche Kostenrechnung wirklich stattfindet, muß daher offen bleiben, sondern auch die in diesem Zusammenhang strittige Frage, ob die Wirtschaft der Sowjetunion ihrem vorherrschenden Typus nach als Staatsmonopol oder als Staatssozialismus anzusprechen ist. Beim Staatsmonopol richtet sich der Staat nach dem Markt und erstrebt den höchstmöglichen Staatsgewinn durch Überschuß des Ertrages über die Kosten; die Mög-

1) Enno Bartels. Finanzarchiv 1944. S. 329 ff.

lichkeit einer Wirtschaftsrechnung ist dann nicht zweifelhaft. Da die Sowjetunion einen großen Teil der Staatsausgaben aus den Überschüssen der Betriebe bestreitet, spricht einiges für diese Deutung. Beim Staatssozialismus wird das höchstmögliche reale Volkseinkommen angestrebt, und nur wenn die Deutung der sowjetrussischen Wirtschaft als Staatssozialismus zutrifft, würde der Beweis des Vorhandenseins einer Wirtschaftsrechnung in der Sowjetunion eine Bedeutung für die Beantwortung unserer Fragestellung haben. Da die vorhandenen Angaben für eine eindeutige Analyse der sowjetischen Gesamtwirtschaft nicht ausreichen, müssen wir die Lösung auf anderem Wege suchen.

4. Erzeugungsplanwirtschaft und sozialistische Preisregel.

Brauchbare Vorschläge für die Preisbildung in einer sozialistischen Wirtschaft wurden von **Heimann** [1]) gemacht. Heimann gibt zu, daß die Beibehaltung der Geldwirtschaft der einzig denkbare Weg sei, um eine rationale Gütererzeugung und -verwendung zu erreichen. Geldwirtschaft bedeutet zwar Wettbewerb, aber nur Wettbewerb zwischen privaten Erzeugern sei so heftig, daß er die Gemeinschaft zu sprengen vermöge, weil für den privaten Erzeuger vom Ergebnis des Wettbewerbs seine gesamte wirtschaftliche Existenz abhänge, dagegen sei der Wettbewerb der Käufer — mit Ausnahme des Falles der Hungersnot — erheblich friedlicher und könne ohne Bedenken beibehalten werden. Hiergegen ließe sich zwar einwenden, das historisch gesehen eine Wirtschaftsplanung und starke staatliche Eingriffe in die Wettbewerbslage gerade umgekehrt zuerst erfolgt sind, um die gefährlichen Folgen des Wettbewerbs zwischen den **Käufern** zu vermeiden. Die Kriegswirtschaft 1914—18, die den ersten Versuch einer staatlichen Wirtschaftsregulierung großen Stils darstellte, ging gerade von der Unfriedlichkeit des Wettbewerbs zwischen den Käufern bei Mangelwaren und den gefährlichen Folgen ihrer Verteilung nach der Kaufkraft der Wettbewerber aus. Zustimmen aber muß man Heimann insoweit, daß eine rationale Gesamtwirtschaftsführung bei Vergesellschaftung der Produktionsmittel nur dann möglich ist, wenn die Geldwirtschaft und der Wettbewerb der Käufer beibehalten werden, weil nur so die verschiedenen Dringlichkeiten der privaten Bedürfnisse deutlich zum Ausdruck kommen und den von der Volkswirtschaft zu verfolgenden Wirtschaftsplan in genügendem Maße beeinflussen können. Heimann bezeichnet die so entstehende Wirtschaftsform als **„Erzeugungsplanwirtschaft“**, weil in ihr nur die Erzeugung, nicht auch der Verbrauch zentral geplant wird. Die Erzeugungsplanwirtschaft ist eine sozialistische Wirtschaft, weil der Sozialismus die bewußte Gestaltung des gemeinschaftlichen Schicksals ist, das der Liberalismus dem blinden Walten der Naturgesetze überlassen hatte. (Plenge)

In der Erzeugungsplanwirtschaft sollen die Verkäufer nach Wirtschaftszweigen in monopolistischen Verkaufs- und Abrechnungsstellen

---

[1]) Eduart Heimann. Mehrwert und Gemeinwirtschaft. Verlag. Hans Rob. Engelmann. Berlin 1922.

zusammengefaßt werden, die als Körperschaften des öffentlichen Rechts die Interessen der Gesamtheit wahrzunehmen haben und auf Grund ihres Überblicks über den gesamten Markt die Erzeugung planmäßig auf den kaufkräftigen Bedarf abstimmen können. Die öffentlich-rechtliche Stelle soll das Recht der Stillegung, Enteignung und Neuorganisation schlecht arbeitender Werke haben. Um die Betriebsleiter, von denen für die Leistung der Betriebe besonders viel abhängt, anzuspornen, sollen an sie Sondervergütungen nach Maßgabe der Betriebsergebnisse gezahlt werden (Lederer). Bei schlechten Leistungen können ihnen andererseits negative Prämien auferlegt werden. Es soll die Bemessung der Einkommen nicht dem freien Entschluß einer politischen Körperschaft überlassen werden, weil dann jeder unzufrieden sei und jede Unzufriedenheit sofort politischen Ausdruck suche (Oppenheimer), sondern sowohl die Prämien wie die Preise, von denen ja auch die Löhne abhängen, die gezahlt werden können, sollen selbsttätig nach einem bestimmten Schema ermittelt werden. Z. B. hatte Vogelstein die Einreihung der Werke in natürliche Güteklassen vorgeschlagen, und dementsprechend sollen nun die Prämien selbsttätig ermittelt werden, indem innerhalb jeder Güteklasse die Summe der tatsächlichen Selbstkosten nach dem Schlüssel der abgelieferten Menge an die einzelnen Werke vergütet wird.

Als die eigentlich wirkende Kraft des Sozialismus tief unter aller Mehrwert- und Geschichtstheorie sieht Heimann die Sehnsucht nach einem Leben der Gemeinschaft statt des Wettkampfes und den Glauben an ein solches Leben an. Über den Grundsatz der Verteilung in einer Gemeinschaftsordnung könne aber von der wirtschaftlichen Seite her positiv nichts ausgesagt werden, daher könne man von einem Sozialisierungsprogramm stets nur die Erfüllung der negativen Forderung verlangen, daß es das selbsttätige Entstehen arbeitslosen Einkommens verhindern müsse. Natürlich soll nicht alles arbeitslose Einkommen abgeschafft werden, z. B. nicht die Altersrenten und dergleichen, aber die Entstehung solchen Einkommens soll auf juristischer, nicht auf selbsttätiger, ökonomischer Zuweisung beruhen. Abgeschafft werden sollen Differentialrenten, städtische Grundrente und Monopolrente als Einkommensquellen. Um das Entstehen der Rente zu vermeiden, müsse der Preis stets den Durchschnittskosten entsprechen, statt — wie in der freien Wirtschaft den Grenzkosten. Die Abrechnungsstelle soll den einzelnen Betrieben die tatsächlich entstandenen Kosten erstatten. Um trotzdem ein sorgfältiges Wirtschaften der Betriebsleiter zu erreichen, sollen sie durch die positiven und negativen Prämien an der Kostensenkung interessiert werden. Gewinne und Verluste entstehen dann nur noch bei der Abrechnungsstelle. Da diese auf dem Markt die Stellung eines Monopolisten hätte, hätte sie die Möglichkeit, sich bei der Preisbildung von fiskalischen Interessen leiten zu lassen und einen möglichst hohen Gewinn anzustreben, zu welchem Zweck sie den über dem theoretischen Wettbewerbspreis liegenden Monopolpreis verlangen würde.

Da aber bei einer solchen Preisbildung der Verlust der Volkswirtschaft größer wäre als der Gewinn des Fiskus, soll den Abrechnungsstellen durch eine feste Preisregel eine Beschränkung in der Ausnutzung des Preisspielraums auferlegt werden. Der Leiter einer gemeinwirtschaftlichen Abrechnungsstelle soll den Markt genau beobachten und Steigen und Fallen der wirtschaftlichen Größen, die für seinen Wirtschaftszweig Bedeutung haben, genau ablesen. Der aus dem Wettbewerb der Käufer sich entwickelnde Wettbewerbspreis verzeichnet selbsttätig die Seltenheits- und Bewertungslage und bietet den Wirtschaftenden die rechnungsmäßige Grundlage für ihr weiteres Verhalten. Darum muß der glatte Ablauf seiner Gesetzmäßigkeit gesichert werden.

Die Regel, die dem gemeinwirtschaftlichen Monopolisten für sein Verhalten vorgeschrieben werden soll, läßt sich dahin zusammenfassen, „daß er der Nachfrage gleichsam versuchsweise und als Grundlage für die weiteren Vorgänge denjenigen Preis vorschlägt, der seine Kosten deckt, sich aber im übrigen völliger Zurückhaltung befleißigt und den Preisgeboten der Nachfrage einfach folgt, statt seinerseits Preisforderungen zu stellen. Indem er so als handelnde Partei ausscheidet, setzt er den Mechanismus des freien Marktes in Bewegung: der Nachfrage steht ein in seiner Menge bestimmtes Angebot gegenüber und muß untergebracht werden. Das aber gelingt bei jeder Angebotsmenge nur zu dem gerade ihr zugehörigen Preise. Man könnte sagen, daß die einzelnen Stücke der Angebotsmenge miteinander im Wettbewerb stehen. Die Preislage also, bei welcher die Nachfrage das Angebot aufnimmt, hat der Monopolist anzunehmen und in ihrem Verhältnis zu den Erzeugungskosten den Wegweiser für die weitere Erzeugungsarbeit zu sehen. Gewinn und Verlust, die dem Monopolisten aus solcher Preisgebarung erwachsen, bedingen bei gleicher Größe in zwei verschiedenen Warenzweigen natürlich grundsätzlich verschiedene Ausmaße für die nun erforderliche Einschränkung oder Ausdehnung der Erzeugung, je nach der steileren oder flacheren Gestalt der beiden Nachfragekurven in dem in Betracht kommenden Abschnitt. Für das Ausmaß der Erzeugungsänderungen, welche zum Ausgleich einer Preisverschiebung vorgenommen werden müssen, gibt es mithin ebensowenig wie in der Verkehrswirtschaft eine allgemeine Regel; hier entscheidet der Versuch, der sich auf eine möglichst genaue Waren- und Marktkenntnis stützen muß. Aber doch erscheint die Vermutung berechtigt, daß das neue Gleichgewicht eher durch die Anordnungen einer den ganzen Markt beherrschenden Stelle erreicht werden kann als durch das Eingreifen einer Mehrzahl von privaten Erzeugern, welche den Markt nicht vollkommen überblicken, einander auch nicht über ihre jeweiligen Maßnahmen unterrichten.“ [1])

Der wesentliche Unterschied zwischen Heimanns Preisregel und Schäffles und Cohns „Sozialtaxen“ besteht darin, daß der Preis bei

---

1) Heimann. Mehrwert S. 186.

Heimann nicht aus einer politischen Entscheidung, beispielsweise einem Mehrheitsbeschluß, entsteht sondern sich auf dem Markt bildet und darum ein richtiger Ausdruck der Knappheits- und Bedürfnislage wird. Die Abstimmung des Umfanges der verschiedenen Erzeugungszweige aufeinander ist hiermit selbsttätig gegeben. Auch Heimanns Begründung hierfür ist richtig. Die Verfolgung privater Interessen beruht, wie er mit Recht schreibt, nicht auf dem Privateigentum. Auch nach Aufhebung des Privateigentums an den Produktionsmitteln haben die Arbeiter ein Interesse an der Preiserhöhung **ihres** Produkts, weil nur durch sie Lohnerhöhungen möglich sind. Auch eine irgendwie geartete Vertretung der Verbraucher in politischen Körperschaften, die über die Preisbildung entscheiden, würde die Durchsetzung des Gruppenegoismus der Arbeiter nicht verhindern, denn das Erzeugerinteresse ist dem Verbraucherinteresse an Stoßkraft überlegen, weil es sich im Gegensatz zu diesem nur auf **einen** Markt bezieht. Die Erfahrungen mit den Gemeinwirtschaftskörpern haben nach Heimann gezeigt, daß in ihnen der Gruppenegoismus der Arbeiter unverhüllt zutage trat, und daß die Verbraucher demgegenüber ohnmächtig waren. Heimann hat auch schon auf eine Tatsache hingewiesen, die wir heute in der krassesten Form erleben, daß nämlich die Bergarbeiter am leichtesten natürliche und Monopolrenten an sich ziehen können. Dies alles sind Gründe, die für die Einführung einer festen, verbindlichen Preisregel an Stelle von politischen Einzelentscheidungen über Preise sprechen, weil nur so das Gesamtinteresse gewahrt werden kann.[1])

Die Gedanken Heimanns entsprechen den Forderungen, die Cassel an eine rationell geleitete sozialistische Wirtschaft stellt, denn die „Erzeugungsplanwirtschaft" bedeutet keine Ausdehnung der Anwendung des Gratisprinzips zuungunsten des Kostenprinzips, sondern in ihr beherrscht das Prinzip der Knappheit sowohl die Preisbildung für Konsumgüter wie für Produktionsmittel.[2])

Heimann hat in seinen Vorschlägen vorgesehen, daß auch Produktionsmittel zwischen den verschiedenen Abrechnungsstellen ausgetauscht und nach derselben sozialistischen Preisregel bewertet werden sollen wie die Konsumgüter, so daß sich auch für sie effektive Preise bilden würden. Damit trägt er dem Gedanken von v. Mises Rechnung, wonach die Produktionskosten nur berechnet werden können, wenn auch die Produktionsmittel im Tauschverkehr stehen und sich effektive Preise für sie bilden.

Unter der Voraussetzung der freien Konsumwahl und des fortbestehenden Wettbewerbs der Käufer und Beibehaltung der Geldwirtschaft wollen andere auch ohne effektiven Austausch von Produktionsmitteln auf mathematischem Wege Preise der Produktionsmittel er-

---

1) Arthur Wolfgang Cohn. Kann das Geld abgeschafft werden? Jena 1920. S. 128 ff.

2) Gustav Cassel. Theoretische Sozialökonomie. 2. Auflage S. 77 u. 110 ff. Zum Verhältnis von Kostenprinzip und Gemeinwirtschaft vgl. auch: Wilhelm Röpke, Art. „Sozialisierung". Handwörterbuch der Staatswissenschaften 1926 und Margrit Cassel. Die Gemeinwirtschaft, ihre Stellung und Notwendigkeit in der Tauschwirtschaft. Leipzig 1925.

rechnen. Während in einer sozialistischen Wirtschaft ohne freie Konsumwahl auch die Mathematik nichts helfen könnte, weil die Wertschätzungen der Verbraucher keinen zahlenmäßigen Ausdruck fänden und somit die Grundzahlen fehlten, auf denen eine mathematische Lösung aufbauen könnte, ist dies unter den genannten Voraussetzungen anders. Es lassen sich dann genau so viel Gleichungen wie Unbekannte aufstellen und demnach auch die Produktionsmittelpreise errechnen. Die Gleichungen werden aus dem Kostenprinzip, dem angestrebten Gleichgewichtszustand (Angebot = Nachfrage) und der Größe der für bestimmte Konsumgütermengen erforderlichen Produktionsmittelmengen abgeleitet. Mathematisch dürfte die Lösung in der sozialistischen Wirtschaft mit freier Konsumwahl möglich sein. Dies besagt aber noch nicht viel über die praktische Durchführung einer solchen Wirtschaft, weil man im allgemeinen nicht damit rechnen kann, daß genügend Personal zu finden ist, das mit solchen mathematischen Methoden arbeiten kann. Aus diesem Grunde werden von der Betriebswirtschaftslehre ja auch bei Organisation der kaufmännischen Buchführung und Abrechnung Methoden abgelehnt, bei denen mit mathematischen, statt mit einfachen Grundrechenoperationen gearbeitet werden müßte. Der Heimannsche Vorschlag ist also trotz der grundsätzlich gegebenen, aber unpraktischen anderen Möglichkeit vorzuziehen.[1])

5. Die Wirtschaftsrechnung in der Zentralverwaltungswirtschaft.

In neuerer Zeit hat Eucken[2]) zur Frage der Wirtschaftsrechnung in der sozialistischen Wirtschaft ausführlich Stellung genommen. Er spricht allerdings nicht von sozialistischer Wirtschaft, sondern von den Idealtypen „zentralgeleitete Wirtschaft", „Zentralverwaltungswirtschaft" und untersucht theoretisch die Frage der Wirtschaftsrechnung in ihnen.

Die Bildung von Idealtypen[3]) ist ein wertvolles Hilfsmittel, weil und soweit sie eine Konzentration des Denkens auf besonders **wichtige** Züge der Wirklichkeit bedeutet. Andererseits aber bilden sie eine Gefahr für die Erkenntnis, wenn nicht genügend berücksichtigt wird, daß auf diesem Wege immer nur **Teilerkenntnisse** gewonnen werden können. Die Ergebnisse der Untersuchung von Idealtypen müssen immer erst zur Gesamtheit der Lebenserscheinungen in Beziehung gesetzt werden, ehe wirtschaftspolitische Schlußfolgerungen gezogen werden. Insbesondere muß die **Mischung** der verschiedenen Idealtypen in der wirklichen Wirtschaft erkannt, die richtige Mischung gesucht und das Handeln darauf eingestellt werden.

---

1) Bartels. Finanzarchiv 1944. S. 323 ff und die dort zitierte Literatur: E. Barone. „Il Ministro della Produzione nello Stato sozialista" in Giornale degli Economisti. 1908.
Kläre Tisch. Wirtschaftsrechnung und Verteilung im zentralistisch organisierten sozialistischen Gemeinwesen. Diss. Bonn 1932. A. Billmowic. „Einige Bemerkungen über die Theorie der Planwirtschaft" in Z. f. Nationalökonomie. Wien 1938.
H. Zassenhaus. „Über die ökonomische Theorie der Planwirtschaft". in Z. f. Nationalökonomie, Jahrg. 1934. S. 507 ff.
R. Mossé. „Die Theorie der Planwirtschaft." Genf. Jahrg. 1938. S. 1 ff.

2) Walter Eucken. Die Grundlagen der Nationalökonomie. Jena 1940.

3) Eucken. Grundlagen. S. 93, 144, 297.

Solche Idealtypen sind die Wirtschaftssysteme der verkehrslosen **„zentralgeleiteten Wirtschaft“** und der **„Verkehrswirtschaft“.** Bei ihrer Unterscheidung kommt es darauf an, ob die Wirtschaftspläne von einer Zentralstelle aufgestellt werden (zentralgeleitete Wirtschaft) oder von zwei oder vielen Einzelwirtschaften (Verkehrswirtschaft).[1] Die verschiedenen Einzelpläne in der Verkehrswirtschaft müssen aufeinander abgestimmt werden; ihre Gleichordnung ist erfahrungsgemäß ohne eine **Rechnungsskala** nicht möglich. Da die einzelnen verschiedenartigen Güter und Arbeitsleistungen nicht miteinander verglichen werden können, kann die Zweckmäßigkeit der Tauschakte, die zur Verkehrswirtschaft gehören, erst bei Vorhandensein einer Rechnungsskala beurteilt, und danach können erst die einzelnen Wirtschaftspläne endgültig aufgestellt werden.[2]

Die Leitung der einen Form zentralgeleiteter Wirtschaft, einer Zehntausende oder Millionen von Menschen umfassenden reinen **Zentralverwaltungswirtschaft** wäre **unmöglich,** weil sich in ihr keine Preise aus dem Wirtschaftsablauf heraus bildeten, eine genaue und sinnvolle **Wirtschaftsrechnung** infolgedessen nicht durchführbar wäre und die Leitung daher keine klaren Grundlagen für die Aufstellung ihrer Wirtschaftspläne besäße. In der **einfachen zentralgeleiteten Wirtschaft** kann der Leiter den Wert der Güter und Leistungen unmittelbar in Natur schätzen und bedarf keiner Preisrechnung, da sie nur eine Familie mit einigen Dutzend, höchstens hundert Menschen umfaßt. Dies ist aber in einem großen Gemeinwesen, zumal in der Neuzeit mit ihrer ungeheuren Steigerung der Zahl verschiedenartiger wirtschaftlicher Güter nicht möglich. Mischen sich allerdings Merkmale der zentralgeleiteten Wirtschaft mit Merkmalen der Verkehrswirtschaft, dann stellen die Preise, die sich in der Verkehrswirtschaft bilden, eine gewisse Stütze für die Wirtschaftsrechnung dar. Hauptsächlich wegen Fehlens einer ausreichenden Wirtschaftsrechnung entsteht in der Zentralverwaltungswirtschaft eines ganzen Volkes erfahrungsgemäß stets eine **„Gruppen-Anarchie“** vieler Zentralstellen, weil regelmäßig wegen der Größe der Leitungsaufgabe selbständige Stellen mit der Verwaltung der einzelnen Wirtschaftszweige — wie z. B. Energie, Verkehr, Maschinenbau, Kohle usw. — beauftragt werden müssen, die dann sehr große Schwierigkeiten bei der Abstimmung ihrer zahlreichen Wirtschaftspläne aufeinander haben. Dadurch kommt es zum Fehlen sich ergänzender Güter, die nur zusammen gebraucht werden können: beim Bau eines Kraftwagens fehlt etwa der Anlasser usw.[3] Die Gründe, die Eucken für die Unmöglichkeit der Wirtschaftsrechnung in der Zentralverwaltungswirtschaft anführt, sind dieselben, die wir bei v. Mises kennengelernt haben, so daß wir hier nicht noch einmal darauf einzugehen brauchen. Von Mises **„Gemeinwirtschaft“** ist logisch ein Sonderfall von Euckens „Zen-

---

1) Eucken. Grundlagen S. 93 und 94.
2) Eucken. Grundlagen. S. 104—6.
Gustav Cassel. Theoretische Sozialökonomie. 4. Aufl. Lzg. 1927. § 40 bes. S. 341.
3) Vgl. Eucken. Grundlagen. S. 94, 95, 283.

tralverwaltungswirtschaft", denn wenn das Eigentum an den Erzeugungsmitteln auf die Gesellschaft, und die tatsächliche Verfügung darüber auf eine Zentralverwaltung übergegangen ist, dann gibt es nur einen einheitlichen Erzeugungsplan, der von der obersten Leitung der Wirtschaft aufgestellt wird. Da in der Zentralverwaltungswirtschaft Wirtschaftsrechnung nicht möglich ist, und die Produktionskosten auch nicht annähernd ermittelt werden können, kann auch die Bestimmung des Bedarfs nicht den einzelnen Genossen frei überlassen werden, auch nicht innerhalb eines bestimmten Rahmens ihm zum Verbrauch zugewiesener Einheiten. Vielmehr muß die gesamte Bedarfsgestaltung der Regierung überlassen werden; die Regierung übernimmt demnach die Funktion, die in der freien Wirtschaft der Nachfrage zukommt. Da nicht mehr der Einzelne entscheiden kann, welche seiner Bedürfnisse die wichtigsten sind, wird in der Regel das subjektive Gefühl der Befriedigung verhältnismäßig geringer sein; mit demselben Produktionsaufwand wird weniger Konsumtivglück erreicht. Zudem wird der Bedarf in Anpassung an die Schwerfälligkeit der Bürokratie viel einförmiger und viel weniger veränderlich werden.[1]) Dies würde bedeuten, daß auch die „zentralgeleitete Wirtschaft mit freier Konsumwahl"[2]) nicht als reiner Typus, sondern nur durch Verschmelzung von Merkmalen zentralgeleiteter Wirtschaft mit solchen der Verkehrswirtschaft möglich ist: d. h. Eucken erkennt die Wirtschaftslenkung vorzugsweise mit den indirekten Methoden, eine „gelenkte Marktwirtschaft", die er etwa „zentralgeleitete Wirtschaft mit freier Konsumgutwahl und freier Wahl des Berufs und des Arbeitsplatzes" nennen würde, nicht als besonderen reinen Idealtyp an.[3])

In einem Aufsatz in der „Wirtschaftszeitung" schildert Eucken[4]) die Erfahrungen mit der Zentralverwaltungswirtschaft, wie er sie sieht und betont darin wieder das Fehlen einer funktionsfähigen Wirtschaftsrechnung und dadurch des richtigen Ineinandergreifens der vielen Einzelbetriebe und ihrer Produktion. Besonders lehnt er die Steigerung staatlichen Zwanges ab, die jede Zentralverwaltungswirtschaft mitbringt. Aufgabe der Wissenschaft wäre es, zu zeigen, wie die materialen Ziele des Sozialismus ohne zusätzliche Beschränkung der persönlichen Freiheit des Einzelnen erreicht werden könnten, die die bisherigen Lösungsversuche unbestreitbar mit sich gebracht haben, etwa durch **indirekte Methoden der Wirtschaftslenkung.** Eine Antwort auf diese Kernfrage ist m. W. von Eucken bisher nicht versucht worden. Auch geht Eucken nicht auf die Vorschläge Heimanns ein, in dessen Erzeugungsplanwirtschaft die Preise durch den Wettbewerb der Käufer bestimmt werden würden. Heimanns Vorschlag stellt keinen reinen Typus in dem von

1) v. Mises. a. a. O. S. 188—9.
2) Vgl. Eucken. Grundlagen. S. 98.
3) Vgl. Erich Preiser. Wettbewerbspreis und Kostenpreis, in dem Sammelwerk „Der Wettbewerb" herausgeg. von Günter Schmölders. S. 126.
4) Eucken. „Gibt es wirtschaftliche Zwangsläufigkeiten? Visionen, Suggestionen u. Entwicklungsgesetze." Wirtsch. Ztg. Nr. 4 v. 24. 1. 47. S. 5

Eucken vorgeschlagenen Schema dar, sondern eine Verschmelzung von Elementen der Zentralverwaltungswirtschaft mit solchen der Verkehrswirtschaft, aber eine solche Verschmelzung, die als sozialistische Wirtschaft bezeichnet werden kann, und in der eine richtige Wirtschaftsrechnung durchaus möglich sein dürfte.

6. Weitere Lehrmeinungen zur sozialistischen Wirtschaftsrechnung.

Mit der Streitfrage über die Möglichkeit der Wirtschaftsrechnung in der sozialistischen Wirtschaft, die die Voraussetzung der Möglichkeit einer volkswirtschaftlichen Kostenrechnung in ihr bildet, haben sich außer den hier ausführlicher erörterten Lehrmeinungen noch zahlreiche andere Verfasser beschäftigt. Aus verschiedenen Gründen muß ich es mir versagen, auf sie alle mit derselben Ausführlichkeit einzugehen. Wesentliche neue Gesichtspunkte außer den angeführten, die zu einer anderen positiven Lösung der Frage führen könnten, scheinen mir nicht mehr vorgebracht worden zu sein. Einige Gedanken mögen im Folgenden in einer summarischen Besprechung zum Ausdruck kommen. Eine Beschränkung war auch deshalb geboten, um die Behandlung der Probleme der sozialistischen Wirtschaft nicht über das ihnen im Rahmen der Gesamtabhandlung zustehende Maß hinauswachsen zu lassen.

Verschiedene Verfasser meinten die Geldrechnung in der sozialistischen Wirtschaft durch eine ausgebaute Naturalrechnung ersetzen zu können.[1]) Die erste ausführliche Kritik der Neurathschen Großnaturalwirtschaft verdanken wir Arthur Wolfgang Cohn, einem Schüler Adolf Webers.[2]) Er kam zu dem Ergebnis, daß der Zweck des Geldes in jeder umfassenden und stark gegliederten Gesellschaftswirtschaft bestehen bleibt, auch wenn diese als Verwaltungswirtschaft organisiert wird. Dagegen schwindet mit der Aufhebung des Wirtschaftsverkehrs auch die Eignung des Geldes zur Erfüllung dieses Zwecks, da die beiden Funktionen des Geldes als Recheneinheit und Zahlungsmittel sich gegenseitig bedingen. Max Weber brachte einige Beispiele von Naturalrechnung für eng begrenzte wirtschaftliche und technische Einzelrechnungen,[3]) die heute aus der Praxis der gelenkten Wirtschaft ergänzt werden könnten und die zeigen, daß die Bewertung in der Naturalrechnung außerhalb eines solchen engen Rahmens von dem zweckrationalen, wirtschaftlichen Denken zum traditionalen oder wertrationalen Denken zurückführt. Nur die Geldrechnung kann daher Wirtschaftsrechnung im angegebenen Sinne sein, da diese zweckrationales Denken erfordert. Die Naturalrechnung kann zwar die einzelnen Güterarten, die erzeugt, und die bei der Erzeugung verbraucht werden, je für sich

---

1) N. Bucharin. Ökonomik der Transformationsperiode. Hamburg 1922. S. 152 ff. bes. S. 166 — 168. Otto v. Neurath. Durch die Kriegswirtschaft zur Naturalwirtschaft. München 1919. Derselbe: Vollsozialisierung. Heft 13 d. Schriftenreihe Deutsche Gemeinwirtschaft. 1—4 Tsd. Jena 1920. Ferner: Wirtschaftsplan und Naturalrechnung. Von der sozialistischen Lebensordnung und vom kommenden Menschen. Berlin 1925.

2) Arthur Wolfgang Cohn. Kann das Geld abgeschafft werden? Jena 1920.

3) Max Weber. Wirtschaft und Gesellschaft. S. 45 ff. bes. 53—58.

zahlenmäßig erfassen, aber sie nicht auf einen einheitlichen Nenner zurückführen, wie dies in der Geldrechnung geschieht.

Eine wesentliche Erleichterung wäre es gewesen, wenn das in den Jahrbüchern für Nationalökonomie und Statistik 1939 besprochene Buch von **Hoff** über Wirtschaftsrechnung und sozialistische Gesellschaft [1]) zu beschaffen gewesen wäre. Um einen Eindruck von dieser Arbeit zu geben, zitiere ich den berichtenden Teil der genannten Besprechung wörtlich:

„Die Möglichkeit einer Wirtschaftsrechnung im sozialistischen Gemeinwesen ist ein Problem, das in der Nachkriegszeit besonders im deutschen und angelsächsischen Schrifttum eifrig diskutiert worden ist; für die nordischen Länder gibt die vorliegende umfangreiche Darstellung in norwegischer Sprache einen durch die Vollständigkeit in der Wiedergabe der Lehrmeinungen ebenso wie durch die Objektivität der eigenen Stellungnahme ausgezeichneten Überblick. Ausgehend von H. H. Gossens berühmter These, daß es nur in dem Wirtschaftssystem des Privateigentums möglich sei, Maßstäbe dafür zu gewinnen, welche Gütermengen und -arten angesichts der begrenzten Produktionsfaktoren zweckmäßiger Weise hergestellt werden sollen, gibt der Verfasser eine eingehende Auseinandersetzung mit allen seitdem in dieser Frage hervorgetretenen Lehrmeinungen und analysiert anschließend die verschiedenen Probleme, die sich in der bisherigen Diskussion ergeben haben; die Preisbestimmung in der sozialistischen Wirtschaft unter der Voraussetzung freier Verbrauchswahl, die Begriffe Risiko, Gewinn, Rente und Abschreibung in diesem Zusammenhang und die verschiedenen Lösungsvorschläge, die eine brauchbare Wirtschaftsrechnung entweder mit mathematischen Methoden aus der Statistik oder aus der Feststellung der „Grenzkosten" entwickeln wollen oder soweit gehen, den freien Wettbewerb in der einen oder anderen Form wieder zuzulassen; umgekehrt gelangen andere Lehrmeinungen, denen sich der Verfasser teilweise anschließt, zu dem unvermeidlichen Resultat, daß es in einer sozialistischen Wirtschaft eine freie Verbrauchswahl und damit ein Problem des Marktes überhaupt nicht geben dürfe. Selbst in einem derartigen „Wirtschaftssystem der Zuteilung und des Barackenlebens" erscheint jedoch dem Verfasser eine rationale Wirtschaftsrechnung nur möglich, wenn die zentrale Leitung keinerlei konkrete Zielsetzungen verfolgt, die eine vergleichende Bewertung der Produktionsfaktoren notwendig machen würde; zum mindesten die Zielsetzung einer irgendwie gearteten „Bedarfsdeckung" würde ohne eine solche vergleichende Bewertung der Produktionsfaktoren, die sich noch dazu mit jedem technischen Fortschritt u. dgl. von Grund auf ändern müßte, geradezu sinnlos werden, soweit sie über die Deckung etwa des physiologischen

1) Ökonomisk Kalkulasjon in Sozialistiske samfund. Von Trygve I. B. Hoff. Oslo 1938. Verlag v. Aschehoug u. Co. Besprochen in Jahrbücher für Nationalökonomie u. Statistik. v. G. Schmölders. Bd. 150 S. 235—7.

Ernährungsbedarfs od. dgl. hinauszugehen versuchen wollte, da es dafür angesichts der Nichtberücksichtigung der individuellen Verbraucherwünsche an jeglichem festen Maßstab fehlen würde.

Die Unmöglichkeit „rationaler" Wirtschaftsrechnung in einem sozialistischen Gemeinwesen bedeutet nach der Meinung des Verfassers nicht gleichzeitig die Unmöglichkeit der sozialistischen Wirtschaft schlechthin. Die Frage ist indessen nicht, ob Fabriken mit technischer Vollkommenheit gebaut und betrieben werden können, sondern ob die Produktionsfaktoren in anderer Weise hätten vorteilhafter ausgenutzt werden können. . . . Um dies festzustellen, bedarf es eines Bewertungsapparates mit Preisen und Kosten, und gerade in diesem Punkte entstehen für die sozialistische Wirtschaft ihre besonderen Schwierigkeiten."

„Der Verfasser vermeidet es bewußt, auf vorhandene Wirtschaftssysteme sozialistischer Prägung zu exemplifizieren, da solche Hinweise eine kühl-abwägende Diskussion in mancher Beziehung erschwert haben würde. Dafür bringt ein Anhang eine ausführliche Nutzanwendung seiner Schlußfolgerungen auf die Erfahrungen der sowjetrussischen Wirtschaft; sie schließt mit der vielsagenden Beobachtung, daß gerade in der Sowjetunion gegenwärtig der Versuch gemacht wird, in der einen oder anderen Weise zum Wettbewerbs- und Preissystem zurückzukehren, das in allen anderen Ländern zunehmend durch staatliche Bindungen und Lenkungsmaßnahmen aller Art eingeschränkt wird."

Daß der Lösungsvorschlag, mit mathematischen Methoden aus der Statistik eine Wirtschaftsrechnung in der reinen Zentralverwaltungswirtschaft abzuleiten, undurchführbar ist, ergibt sich auch aus den verschiedenen Versuchen einer Naturalrechnung. Wenn die Grundzahlen sich nicht auf einen einheitlichen Nenner zurückführen lassen, hilft auch die komplizierteste Mathematik nichts, weil jede mathematische Lösung von diesen Grundzahlen ausgehen muß. Auch die Feststellung der Grenzkosten allein hilft nichts, wenn ihnen nicht der Grenznutzen des Verbrauchers als Maßstab gegenübergestellt werden kann, weil dessen Wünsche in Ermanglung eines Marktes keinen ökonomischen Ausdruck finden. Anders dagegen, wenn wenigstens der Wettbewerb der Käufer wieder zugelassen und dabei Monopolschäden für die Volkswirtschaft durch die Preisregel Heimanns oder andere ähnliche Maßnahmen verhindert werden. Ob man eine solche Wirtschaft dann noch sozialistisch nennen will oder nicht, ist Geschmacksache. Richtig ist, daß zwischen den Vorstellungen von Marx von einer sozialistischen Wirtschaft mit einem einzigen, alles bis in Letzte bestimmenden Gesamtwirtschaftsplan und einer solchen Lösung ein wesentlicher Unterschied besteht, weil in Heimanns Sozialismus auch die Wirtschaftspläne der Verbraucher nicht völlig ausgeschaltet sind. **Wir kommen um die Er-**

kenntnis nicht herum, daß eine lebensrichtige Gestaltung der Wirtschaft nur in der Form möglich ist, daß ein gesellschaftlicher Gesamtwirtschaftsplan den Rahmen abgibt, innerhalb dessen die einzelnen zur Gesellschaft gehörigen Wirtschaftssubjekte — seien es Einzelmenschen oder engere Zusammenschlüsse — ihre Einzelpläne verwirklichen können. Seinen letzten Grund hat dies in der Struktur der Bewußtseinsanlage des Einzelmenschen, in der die Ordnungsprinzipien des Überindividuellen und der Ganzheit gleichberechtigt neben den auf das Individuum allein bezogenen Ordnungsprinzipien stehen. Jedoch führt dies weit über den Rahmen einer wirtschaftswissenschaftlichen Erörterung hinaus und kann hier nur angedeutet werden.[1]) Wenn Hoff eine rationale Wirtschaftsrechnung in der reinen Zentralverwaltungswirtschaft für möglich hält unter der Bedingung, daß die zentrale Leitung keine konkreten Zielsetzungen verfolgt, die eine vergleichende Bewertung der Produktionsfaktoren notwendig machen würde, so ist dazu zu sagen, daß diese Bedingung praktisch niemals erfüllt sein kann, weil jede zentrale Wirtschaftsplanung in konkreten Zielsetzungen dieser Art bestehen muß, und weil die ganze Umwälzung nur den Sinn hat, solche konkreten Ziele, nämlich letzten Endes die Verbesserung der Lebenslage des Proletariats und die Vermehrung seines Glückes zu verwirklichen. Zuzugeben ist Hoff, daß eine sozialistische Wirtschaft auch dann möglich wäre, wenn in ihr eine „rationale" Wirtschaftsrechnung nicht stattfinden könnte. An ihre Stelle würde gegebenenfalls eine traditionale oder konventionale Wirtschaftsrechnung treten, und die dadurch bedingte verhältnismäßige Unwirtschaftlichkeit des Produktions- und Verteilungsgeschehens in der Wirtschaft würde die besonderen naturalen volkswirtschaftlichen Mehrkosten der sozialistischen Gesellschaftsordnung darstellen. Sehr viele Sozialisten, denen Vergesellschaftung der Produktionsmittel und restlose Einordnung der Einzelinteressen in den gesellschaftlichen Gesamtplan zu einer abgelösten Zielsetzung geworden sind, sind gern bereit, diesen Preis zu bezahlen.

Landauer[2]) ist der Ansicht, die Möglichkeit einer Wirtschaftsrechnung setze keinen Tauschverkehr voraus, sondern nur die Möglichkeit, den einzelnen Gütern bestimmte Bedeutungsgrößen zuzuordnen. Es handele sich um die Lösung des ökonomischen Zurechnungsproblems, d. h. um die Ermittlung der Bedeutung der einzelnen Güter für den Produktionserfolg. Es sei nicht notwendig, daß die Zentrale einer sozialistischen Planwirtschaft in der Lage sei, „vom gesamten Produktionserfolg etwa je der gesamten vorhandenen Menge Eisen, Kohle, Eisenbahner-

1) Vgl. hierzu Reinhard Junge, System der Lebensphilosophie. Junker und Dünnhaupt. Bln. 1937, besonders Bd. 2. — Zum Begriff der Lebensrichtigkeit in der Wirtschaft außerdem: Erich Carell. Allgemeine Volkswirtschaftslehre S. 48. — Gottl-Ottlilienfeld. Wirtschaft und Wissenschaft. 2. Bd. Jena 1931. S. 82, 901, 914 und Bedarf und Deckung. Jena 1928. S. 185.

2) Landauer. Planwirtschaft u. Verkehrswirtschaft. S. 114 ff. Dort sind weiter zitiert: Leichter. „Sozialistische Wirtschaftsrechnung"; die Diskussion Marschack-Polanyi (Archiv für Sozialwissenschaft) und Halm. „Die Konkurrenz". Halm stimmt mit v. Mises i. d. völligen Ablehnung des Sozialismus überein.

arbeit usw. eine entsprechende Quote zuzurechnen"[1]), sondern es genüge, die Zurechnungsquote für die letzte verwendete Arbeitseinheit, Bodeneinheit usw. zu finden, denn der Nutzenanteil von Gütern, die in der Erzeugung zusammenwirken, bestimme sich nicht nur nach der Größe des Produktionsergebnisses, sondern auch nach der Menge des einzelnen Gutes. Wenn man die betrachteten Teilmengen der Güter sehr klein wähle, gehe die Zurechnung ohne beachtenswerten Rest auf. Die einzelnen Verwendungszwecke der Güter bewerben sich um die einzelnen Erzeugungsgüter und wollen sich dabei gegenseitig überbieten, während die Produktionsmittel sich um die bestmögliche Verwendung bewerben und sich dabei zu unterbieten suchen. Diese Konkurrenz der Gütereinheiten und Bedürfniseinheiten ließe sich, wie Landauer meint, grundsätzlich auch auf dem Papier vornehmen. Die Planwirtschaft könne hierbei an die Tradition der Bedeutungsgrößen anknüpfen, die sie von der Tauschwirtschaft übernehme und brauche sie nur laufend den Wandlungen der Wirtschaft anzupassen. Auch die Tauschwirtschaft nehme die Schätzung aller Güter nicht von heute auf morgen neu vor, sondern brauche einen „rekurrenten Anschluß" an frühere Preise.

Diese Ausführungen Landauers gehen an der Grundfrage vorbei. Die Ermittlung der Bedeutung der einzelnen Güter für den Produktionserfolg ist erst der zweite Schritt der Wirtschaftsrechnung. Der erste Schritt ist die zahlenmäßige Bewertung des Produktionserfolges selbst. Diese setzt einerseits die Kenntnis der erzeugten Gütermengen voraus, die uns die Produktionsstatistik liefern kann, andererseits aber die Kenntnis der Bedürfnisreihe, zu der die Gütermenge in Beziehung gesetzt werden soll. Bei Gütern, die der Befriedigung individueller Bedürfnisse dienen sollen, im Gegensatz zu Gütern des kollektiven Bedarfs, kann eine richtige Bewertung nur vom Individuum selbst vorgenommen werden, und auch dies nur beim Gelten effektiver Preise, denn sonst wird jeder bei jedem Bedürfnis, das ihn im Augenblick selbst interessiert, eine übertrieben hohe Schätzung abgeben in der Hoffnung, es dann von der Behörde eher zu bekommen. In allen Zuteilungssystemen, die Bedarfsanforderungen der Verbraucher berücksichtigen, werden viel größere Mengen angefordert, als tatsächlich gebraucht werden, um recht hohe Zuteilungen zu erhalten.[2])

Praktisch schlägt Landauer trotz seiner Ansicht von der Möglichkeit einer Wirtschaftsrechnung ohne Tauschverkehr doch eine sozialistische Wirtschaftsordnung vor, die sowohl den Markt der Konsumgüter wie den der Produktionsgüter und den Wettbewerb der Käufer um die Waren auf beiden Märkten beibehält. Er kommt also zu denselben Vorschlägen wie Heimann, nur daß in einer solchen Wirtschaft alle Er-

---

1) Landauer, a. a. O. S. 116.

2) Weitere Stellungnahme Landauers zum Zuteilungsproblem in „Grundprobleme der funktionellen Verteilung des wirtschaftlichen Werts." Jena 1923 und „Der Meinungsstreit zwischen Böhm-Bawerk und Wieser über die Grundsätze der Zurechnungstheorie." Archiv f. Sozialwissenschaft und soziale Politik. Bd. 46, H 2.

zeuger Monopolisten werden und darum besondere Vorkehrungen gegen Monopolschäden getroffen werden müssen, wie Heimann sie mit der sozialistischen Preisregel vorgeschlagen hat.

Kapp[1]) geht in seinem Angriff auf die liberale Theorie so weit, zu sagen, die individuellen Werturteile, auf die die Wirtschaftsrechnung in der Marktwirtschaft aufgebaut wird, seien nicht richtig und müßten durch gesellschaftliche Wertschätzungen ersetzt werden. Einmal würde die nicht zahlungsfähige Nachfrage nicht befriedigt, zweitens neige das Individuum zu Fehldispositionen, zu denen es durch die Reklame der Unternehmen noch besonders angeregt werde. Die individuellen Wertschätzungen würden durch die Reklame beeinflußt und seien somit keine feste Größe. Ganz unmöglich sei es, bei Kollektivbedürfnissen auf individuelle Wertschätzungen zurückzugreifen, denn sehr wichtige derartige Bedürfnisse, wie äußere Verteidigung, öffentliche Hygiene, Strafrechtspflege und viele andere bedeuteten dem Individuum sehr wenig und könnten nur gesellschaftlich, aber nicht individuell bewertet werden. Er knüpft an v. Wiesers g e s e l l s c h a f t l i c h e n W e r t an und sucht nach der höchsten Summe gesellschaftlichen Grenznutzens, da der Mensch nicht ein Einzelwesen, sondern ein Gemeinschaftswesen sei. Der Staat soll die Individuen durch eine erzieherische Propaganda und notfalls durch Kontigentierung von törichten oder übersteigerten Konsumentenwünschen zu den wirklichen Bedürfnissen der Gemeinschaft hinlenken.

Der richtige Gedanke einer staatlichen Verbrauchslenkung und Bekämpfung volkswirtschaftlicher Schäden durch eigensüchtige Reklame kapitalkräftiger Unternehmer kann in jeder Wirtschaftsordnung durch Gesetzgebung über zulässige und unzulässige Reklame und durch eigene Propaganda des Staates verwirklicht werden. Es bedarf dazu insbesondere nicht der Aufhebung des Privateigentums an den Produktionsmitteln. Nicht richtig ist der Gedanke, man könne die Wirtschaftsrechnung im sozialistischen Gemeinwesen **allein** auf einen besonderen „gesellschaftlichen Wert" stützen. Wohl ist es möglich, von der Gemeinschaft aus den Wertungen und Wünschen des Individuums gewisse Grenzen zu ziehen, wo die Verwirklichung privater Wünsche als objektiv unvernünftig erkennbar ist (Rauschgiftsucht und ähnliches). Nicht aber kann eine gesellschaftliche Wertung für alle Güter anders als aus dem Zusammenspiel aller Wertungen der Einzelnen entstehen. Sollte es anders sein, dann müßte die Gesellschaft selbst werten; in Wirklichkeit aber werten **immer** — auch bei den Kollektivbedürfnissen — Einzelne **für** die Gesellschaft. In der tauschlosen Wirtschaft wären es die Funktionäre, Beamten und Politiker, die als Einzelne für die Gemeinschaft denken und werten. Die Gesellschaft oder das Volk haben kein eigenes Bewußtsein und nehmen keine eigenen Bewertungsakte vor, sondern sie können sich nur — etwa im Staat — Organe schaffen,

---

1) K. W. Kapp. Planwirtschaft und Außenhandel, Genf 1936, zitiert nach Bartels, Finanzarchiv 1944, S. 326 ff.

in denen ausgewählte Einzelmenschen für sie Bewertungen durchführen. Wegen der naturgegebenen **Bewußtseinsenge** des Einzelmenschen sind diese größeren Fehlermöglichkeiten ausgesetzt als sie bei dem automatischen Zusammenwirken aller klugen und dummen Köpfe auf dem Markt wahrscheinlich sind. Hiermit soll nicht gesagt sein, daß ein solches System mit Bewertung aller Güter durch politische Organe der Gesellschaft statt durch den Markt **unmöglich** sei, sondern nur, daß der eigene Nutzen leichter zu bestimmen ist, als der Nutzen der Gesamtheit. Interpersonelle Nutzenvergleiche sind an sich auf Grund der Ausdrucksfähigkeit der Menschen mit den verschiedensten Mitteln der Sprache, der Schrift usw. immer möglich, aber bei jedem politisch, statt ökonomisch organisierten Bewertungsvorgang ist mit einer starken Willkür und auch beim besten Willen aller Funktionäre mit sehr großen Fehlern zu rechnen, die durch eine zweckmäßigere Organisation der Gesellschaft vermieden werden können.

Bei den öffentlichen Bedürfnissen ist es zweckmäßig, den Nutzen etwa einer Ausgabe zur Verteidigung des Staates von politischen Organen abschätzen zu lassen, aber auch die öffentlichen Bedürfnisse konkurrieren mit dem privaten um die Mittel ihrer Befriedigung. So kann man z. B. Aluminium zu Kochtöpfen oder zu Militärflugzeugen verwenden. Wegen der Knappheit der Mittel muß ihre Bewertung auch auf die Bedürfnisse der privaten Nachfrager Rücksicht nehmen, also ist auch bei den öffentlichen Bedürfnissen die Nutzenschätzung des Politikers nicht allein maßgebend, sondern er muß sie mit einer Kostenschätzung vergleichen, die besagt, welche (öffentlichen und privaten) Nutzen dieselben Mittel in anderer Verwendung stiften könnten.[1])

7. Zusammenfassende Stellungnahme.

Die Volkswirtschaft hat das Ziel, für die Einzelmenschen und dadurch für das Volk den optimalen Gesamtnutzen mit den vorhandenen knappen wirtschaftlichen Mitteln zu erreichen. Dies ist nur möglich, wenn bei jeder Gütererzeugung laufend der Nutzen der erzeugten Güter mit den volkswirtschaftlichen Kosten der Erzeugung verglichen wird, d. h. mit dem Nutzen, den die Erzeugungsgüter an irgend einer anderen Stelle in der Volkswirtschaft hätten stiften können. In der geldwirtschaftlichen Form der Marktwirtschaft ist diese Überlegung da-

---

1) Weiterhin haben sich zur Frage der Wirtschaftsrechnung im sozialistischen Gemeinwesen geäußert: B. Brutzkus. Die Lehren des Marxismus im Lichte der russischen Revolution. Berlin 1928. Derselbe: Die Planwirtschaftsarbeit in der Sowjetunion 1928. Liberale Vertreter ähnlicher Auffassung wie v. Mises: G. Halm. Ist der Sozialismus wirtschaftlich möglich? Berlin 1922. F. A. v. Hayek. L'Economie Dirigée en Régime Collectiviste. Paris o. J. (mit Beiträgen von R. G. Pierson, L. v. Mises, G. Halm, E. Barone). Vgl. auch folgende Aufsätze, die in den von mir benutzten Schriften zitiert und darin bereits verarbeitet sind: L. v. Mises. Neue Beiträge zum Problem der sozialistischen Wirtschaftsrechnung. Archiv f. Soz. L. I. Bd. 1924, S. 491. J. Marschack. Wirtschaftsrechnung und Gemeinwirtschaft. Archiv f. Soz L. I. Bd. 1924, S. 501 ff, M. G. Pierson. Das Wertproblem in der sozialistischen Gesellschaft. Zeitschr. f. Volksw. 1925, S. 607 ff. E. Heimann. Über gemeinwirtschaftliche Preisbildung. Kölner Vierteljahreshefte f. Soz. 1. Jg. B. 1921, S. 58 ff. F. Sziklai. Das „kapitalistische" und das „kommunistische" Geld. Jb. f. G. V. 44, Jg, 1920, S. 123 ff. Ferner: Bimstock. Management im Russian Industry and Agricultur. Paris-London-New-York. University Press 1944 und besonders ausführlich: M. Temmersfeld. Wirtschaftsrechnung und Sozialismus. Kölner Dissertation 1947.

durch sehr erleichtert, daß alle Nutzenschätzungen einen zahlenmäßigen Ausdruck in Geld finden und sich im Marktpreis der Erzeugnisse und der Erzeugungsgüter niederschlagen. Das einzelne Wirtschaftssubjekt braucht dann nur die Marktpreise der Erzeugnisse mit denen der verbrauchten Erzeugungsgüter zu vergleichen, um mit dieser privatwirtschaftlichen Kostenrechnung einen eindeutigen zahlenmäßigen Ausdruck für die privatwirtschaftliche Zweckmäßigkeit eines Erzeugungsaktes zu gewinnen. Werden daneben noch alle volkswirtschaftlichen Kosten berücksichtigt, die aus irgendwelchen Gründen in den Marktpreisen keinen Ausdruck finden, so erlaubt eine solche volkswirtschaftliche Kostenrechnung in gewissen Grenzen auch einen zahlenmäßigen Ausdruck der volkswirtschaftlichen Zweckmäßigkeit des Erzeugungsaktes.

Befinden sich aber sämtliche Produktionsmittel im Eigentum der Gesellschaft, wird das Geld abgeschafft, findet kein Warenaustausch zwischen den einzelnen Gesellschaftsmitgliedern statt, und bestimmt allein ein Gesamtwirtschaftsplan der Gesellschaft über alle wirtschaftlichen Vorgänge von der Erzeugung bis zum letzten Verbrauch, dann bilden sich Marktpreise weder für die Verbrauchsgüter noch für die Erzeugungsgüter. Es ist weder eine privatwirtschaftliche noch eine volkswirtschaftliche Kostenrechnung in einer Einheit möglich, obwohl auch in dieser Wirtschaftsform Kosten entstehen. Auch in dieser Wirtschaft muß geprüft werden, ob die Erzeugungsmittel nicht in einer anderen Verwendung einen höheren Nutzen stiften könnten. Da aber die Nutzenschätzungen der Verbraucher keinen zahlenmäßigen ökonomischen Ausdruck finden, können sie nur auf dem Umwege über die Willensbildung in den politischen Organen, die über den Gemeinwirtschaftsplan entscheiden, auf die Erzeugungsvorgänge einwirken. Auch hier sind es Einzelmenschen, die den Nutzen vergleichen, den die Erzeugungsgüter an verschiedenen Stellen in der Volkswirtschaft stiften können, aber sie schätzen nicht den Nutzen für sich selbst, sondern für andere, die zum großen Teil unter ganz anderen Bedingungen leben als sie selbst, und es sind sehr große Fehler möglich. Da die Zurückführung aller ihrer Nutzenschätzungen auf eine zahlenmäßige Einheit nicht möglich ist, sind nur wirtschaftliche Überlegungen allgemeiner Art, aber keine Kostenrechnungen möglich. Ist die Wirtschaft vollständig kommunistisch, d. h. so organisiert, daß der Staat alle Güter und Leistungen an die Genossen nach dem Gratisprinzip, statt nach dem Kostenprinzip verteilt, so entstehen dem Einzelnen zwar keine Kosten mehr, und eine privatwirtschaftliche Kostenrechnung ist überflüssig; dem kommunistischen Staat entstehen aber weiterhin die volkswirtschaftlichen Kosten, aber sie können nicht mit dem Ertrag der Produktion verglichen werden.

Der Versuch, durch eine Analyse der wirklichen Wirtschaft der Sowjetunion eine Vorstellung von der Möglichkeit oder Unmöglichkeit einer zweckrationalen volkswirtschaftlichen Kostenrechnung im sozialistischen Gemeinwesen zu gewinnen, führt zu keinem befriedigenden Ergebnis, weil die vorhandenen Unterlagen zur vollständigen Klarstellung des Wesens der sowjetischen Wirtschaft nicht ausreichen. Die Lösung muß daher auf theoretischem Wege gesucht werden.

Gewisse Schriftsteller haben diese Lösung in der Naturalrechnung zu finden gehofft. Die Naturalrechnung aber ist der Geldrechnung um so mehr unterlegen, je größer die Anzahl der verschiedenen Güterarten in der Volkswirtschaft ist. Eine moderne arbeitsteilige Volks- oder gar Weltwirtschaft ist mit einer bloßen Naturalrechnung nicht durchführbar.

Eine sozialistische Gesellschaft ist aber auch in der Form denkbar, daß zwar die Produktionsmittel sämtlich im Eigentum der Gesellschaft stehen, daß aber das Geld beibehalten und das Kostenprinzip gegenüber anderen Wirtschaftsordnungen nicht wesentlich in seiner Geltung beschränkt wird. Die Wirtschaft kann so organisiert werden, daß die Verkäufer jedes Wirtschaftszweiges zu einer öffentlich-rechtlichen Verkaufs- und Abrechnungsstelle zusammengefaßt werden, die die Produktionsmittel im Auftrage der Gemeinschaft verwaltet und für den Erzeugungsplan in dem betreffenden Wirtschaftszweig verantwortlich ist. Der Wettbewerb der Käufer kann dabei beibehalten werden, auch hinsichtlich der Produktionsmittel, die zwischen den verschiedenen Abrechnungsstellen entgeltlich ausgetauscht werden können. Die Abrechnungsstellen müßten den Betrieben ihre tatsächlichen Kosten ersetzen, und die Betriebsleiter würden durch positive bzw. negative Prämien an einer günstigen Kostengestaltung interessiert. Monopolschäden für die Volksgemeinschaft würden durch die sozialistische Preisregel verhindert, daß die Verkaufsstelle sich stets an die Untergrenze des ihr gegebenen Preisspielraums zu halten, den Preisangeboten der Nachfrage zu folgen und bei Gewinn die Erzeugung zu erweitern, bzw. bei Verlust einzuschränken hat. Eine so organisierte sozialistische Wirtschaft wäre keine reine Zentralverwaltungswirtschaft, sondern eine Mischung zentralverwaltungswirtschaftlicher und verkehrswirtschaftlicher Elemente. Der Gesamtwirtschaftsplan gibt in dieser Erzeugungsplanwirtschaft nur den allgemeinen Rahmen ab, innerhalb dessen die einzelnen privaten Käufer ihre Einzelpläne aufstellen und verfolgen können. Es bilden sich Marktpreise sowohl für Konsumgüter wie für Produktionsmittel, die den tatsächlichen Knappheitsverhältnissen entsprechen. Infolgedessen ist sowohl eine privatwirtschaftliche wie eine volkswirtschaftliche Kostenrechnung möglich. Die Abweichungen zwischen beiden werden geringer sein als in einer mit Monopolen durchsetzten reinen Verkehrswirtschaft, weil Monopolrenten bewußt ausgeschaltet werden.

Eine Analyse der einzelnen volkswirtschaftlichen Kostenquellen soll hier unterbleiben und erst wieder bei der gelenkten Wirtschaft stattfinden, da dort mehr Erfahrungsmaterial zur Verfügung steht.

Der vorstehende Abschnitt über die volkswirtschaftliche Kostenrechnung in der sozialistischen Wirtschaft zeigt, welche schwierigen Probleme die Wirtschaftsrechnung aufwirft, sobald der Staat zur Verwirklichung eines Gesamtwirtschaftsplanes in den Wirtschaftsablauf eingreift, und wie sich die verschiedensten Verfasser zu diesen Fragen gestellt haben. Die volkswirtschaftliche Kostenrechnung in der staatlich gelenkten Wirtschaft ist ein nahe verwandtes Problem, denn wenn man zwar die Produktionsmittel nicht aus Privateigentum in Gemeineigentum überführt, aber den Privateigentümer einer gemeinwirtschaftlichen Kontrolle unterwirft, entsteht eine Mischform aus zentralverwaltungswirtschaftlichen und verkehrswirtschaftlichen Elementen. Auch in der gelenkten deutschen Volkswirtschaft waren wie in einer sozialistischen Wirtschaft die freiheitlichen Grundsätze des liberalen Wirtschaftsrechts zum großen Teil außer Kraft gesetzt, die nach der liberalen Theorie Vorbedingung einer exakten Wirtschaftsrechnung sind.[1])

Wie in Deutschland sind auch in allen übrigen Ländern der Welt seit langem Versuche einer neuen wirtschaftlichen Ordnung und den Grundsätzen des Liberalismus widersprechende Eingriffe des Staates in die Wirtschaft zu beobachten.[2]) Besonders die Beziehungen zum Ausland sind in allen Ländern einer staatlichen Lenkung unterworfen worden, wobei die volkswirtschaftliche Kostenrechnung des Außenhandels für die übrigen Staaten ebensowenig unbeeinflußt bleiben kann wie für das seinen Außenhandel lenkende Land selbst.

E. Volkswirtschaftliche Kostenrechnung in der staatlich gelenkten Wirtschaft

1. Die Möglichkeit der Wirtschaftsrechnung in der gelenkten Wirtschaft.

Auch in der gelenkten Volkswirtschaft besteht — der Tendenz nach — eine Gefahr für die Klarheit und Eindeutigkeit der Wirtschaftsrechnung.[3]) Fast jeder wirtschaftliche Eingriff des Staates verursacht der Volksgemeinschaft irgendwelche Kosten, die in der Kostenrechnung des Betriebes häufig nicht zum Ausdruck kommen und daher auf den Preis keinen Einfluß haben. Subventionen und protektionistische Förderungsmaßnahmen aller Art verschleiern die Grundlagen der Wirtschaftsrechnung und erschweren dadurch die Beurteilung und den Vergleich wirtschaftlicher Leistungen.

Da die Sozialisierung in dem radikalen Sinne von v. Mises in der staatlich gelenkten deutschen Wirtschaft nicht durchgeführt und das

1) Landauer. Planwirtschaft und Verkehrswirtschaft, S. 186. Werner Sombart. Die Ordnung des Wirtschaftslebens. Berlin 1925, S. 59 ff (über die Grundsätze liberalen Wirtschaftsrechts).
2) Anton Reithinger. Wirtschaftsbeobachtung und Wirtschaftsordnung. Lzg. 1936. S. 27—34.
3) vgl. Schmölders in „Schriften der Akademie für Deutsches Recht". Der gerechte Preis. S. 216.

Sondereigentum an den Erzeugungsmitteln nicht grundsätzlich abgeschafft worden ist, liegt der Gedanke nahe, daß die Wirtschaftsrechnung in einer solchen Wirtschaft kein Problem sein könne.

Ganz so einfach liegen aber die Dinge nicht, denn bei genauerer Betrachtung zeigt sich, daß das rechtlich weiterbestehende Sondereigentum an den Erzeugungsmitteln so zahlreichen Beschränkungen durch die Wirtschaftslenkung unterworfen worden ist, daß man an seiner Eignung zur Ermöglichung der Wirtschaftsrechnung durchaus zweifeln kann. Außerdem haben wir gesehen, daß auch in der Verkehrswirtschaft die Wirtschaftsrechnung mancherlei Mängel aufweist, die vermieden werden müßten.

Auch **Staatssozialismus** und **Planwirtschaft** sind nach v. Mises im vollen Sinne „sozialistische" Systeme, weil sie zwar dem Namen und der Rechtsform nach das Sondereigentum beibehalten, die Ausübung der Verfügungsgewalt aber dem staatlichen Befehl unterstellen wollen. Sondereigentum liege im wirtschaftlichen Sinne nur dort vor, wo der Einzelne mit seinem Eigentum an Erzeugungsmitteln so verfahren könne, wie er es für am wirtschaftlichsten ansehe.[1])

Auch Kompromisse in der Form, daß ein Teil der Erzeugungsmittel vergesellschaftet werde und ein Teil nicht, lehnt v. Mises ab, da nur eines der beiden Systeme das wirtschaftlichere sein könne. So gingen z. B. die **Bodenreformer** von der als selbstverständlich hingestellten Annahme aus, daß das Gemeineigentum an den Erzeugungsmitteln wirtschaftlicher sei, als das Sondereigentum und forderten daher für den Boden, als das wichtigste Erzeugungsmittel, die Vergesellschaftung. Da aber umgekehrt das Sondereigentum die überlegene Wirtschaftsform sei, müsse gerade der Boden im Sondereigentum verbleiben, wenn man ihn für das wichtigste Erzeugungsmittel halte.

Mit ähnlichen Gründen könnte man den Standpunkt vertreten, daß auch in der **gelenkten Wirtschaft** das Sondereigentum an den Erzeugungsmitteln nur noch dem Namen und der Rechtsform nach bestehe und daher eine einwandfreie Wirtschaftsrechnung auch hier nicht mehr möglich sei.

Die Beschränkungen der wirtschaftlichen Freiheiten des Einzelnen beeinflussen alle mehr oder weniger die einzelnen Daten der Wirtschaftsrechnung, indem sie entweder die Angebots- oder die Nachfrageseite unmittelbar oder mittelbar verändern. Uns geht hier jedoch nicht die Höhe der einzelnen Daten der Wirtschaftsrechnung an, wenn die Bewertung nur richtig ist, sondern lediglich die **Möglichkeit oder Unmöglichkeit richtiger Wirtschaftsrechnung überhaupt.** Diese hängt aber nur davon ab, ob sich außer für die Verbrauchsgüter auch für die Erzeugungsgüter ein objektiver Wert bildet, und ob dieser den tatsächlichen volkswirtschaftlichen Bedingungen entspricht. Bei der Frage nach der Möglichkeit richtiger Wirtschaftsrechnung liegt der Ton auf

1) v. Mises, a. a. O. S. 263.

dem Wörtchen „r i c h t i g“, denn daß in der gelenkten Wirtschaft überhaupt irgend eine Wirtschaftsrechnung möglich ist, bedarf keiner Untersuchung. Jeder Betrieb hat seine Buchhaltung, seine Selbstkostenrechnung und Statistik; jede Wirtschafts- und Fachgruppe bemüht sich um die Vereinheitlichung und Rationalisierung des Rechnungswesens und macht bei ihren Mitgliedern umfangreiche statistische Erhebungen; die Rechenmaschinenindustrie z. B. gehörte mit zu den bestgehenden Zweigen des deutschen Büromaschinenbaus. Gerechnet wird also in der gelenkten Wirtschaft überall; es fragt sich nur, ob **richtig** gerechnet wird, oder ob es sich bei dem ganzen Rechnungswesen um eine gigantische Scheinwelt handelt, die auf falschen Voraussetzungen aufbaut, und in der sich darum die Fehler bis in die feinsten Verästelungen der Wirtschaft fortsetzen, und die sich vielleicht noch gegenseitig steigern. Alle Rationalisierungsmaßnahmen wären in einer solchen Wirtschaft nur Schein und damit sinnlos. Für den Einzelnen sind die Bestimmungen des Wirtschaftsrechts fest gegebene, unabänderliche Größen, mit denen er rechnen, und zwischen denen er sich einrichten muß (einzelwirtschaftliche Daten). Für ihn ist es gleichgültig, ob der Preis, den er für seine Materialien und der Lohn, den er an seine Arbeiter zahlen muß, behördlich festgesetzt oder auf dem freien Markt ausgehandelt ist, denn bezahlen muß er in beiden Fällen. Privatwirtschaftlich gesehen ist daher gegen die Richtigkeit der Rechnungsergebnisse in der gelenkten Volkswirtschaft nichts einzuwenden.. Die Frage ist lediglich **die volkswirtschaftliche Richtigkeit der Wirtschaftsrechnung.**

Voraussetzung jeder richtigen Kostenrechnung in der Geldwirtschaft ist ein beständiger Geldwert.

Bei Klärung der Frage, ob in der sozialistischen Wirtschaft eine volkswirtschaftliche Kostenrechnung möglich ist, haben wir erkannt, daß die erste Bedingung hierfür der Fortbestand der Geldwirtschaft ist. Da die einzelnen verschiedenartigen Güter und Arbeitsleistungen nicht miteinander verglichen werden können, kann die Zweckmäßigkeit der Wirtschaftsakte erst bei Vorhandensein einer Rechnungsskala beurteilt, und danach können erst die Wirtschaftspläne endgültig aufgestellt werden. Dies gilt für jede denkbare Kostenrechnung, gleichgültig, ob es sich um eine betriebswirtschaftliche oder volkswirtschaftliche Kostenrechnung in der freien Marktwirtschaft oder in der sozialistischen Wirtschaft handelt. Ist das Geld die Rechnungsskala, dann bedeuten **Geldwertschwankungen** eine große Gefahr für die Wirtschaftsrechnung. Richtige Wirtschaftsrechnung ist nur mit richtigen Wertmaßstäben möglich. In der Wirtschaftsrechnung müssen Zahlen verschiedener Zeiträume miteinander verglichen werden, sei es z. B. in der Kostenrechnung oder beim Vergleich aufeinanderfolgender Bilanzen. Sind die Zahlen der Wirtschaftsrechnung in einer Geldwährung ausgedrückt, deren Wert sich inzwischen verändert hat, so sind sie von Zeitraum zu Zeitraum nicht vergleichbar. Die Folgen eines solchen Zustandes haben sich in der deutschen Inflation und bei der Markstabilisierung gezeigt. Zahlreiche Unternehmen, die nach dem Grundsatz „Mark gleich Mark" in Papiermark gerechnet hatten, hatten sich im Laufe der Inlation große Scheingewinne errechnet, die bei der Stabilisierung in nichts zusammenbrachen, so daß viele dieser Unternehmungen ihre Zahlungen einstellen mußten. Hinzu kam die Bedeutung der **Wechselkursschwankungen,** denn da die Preiserhöhungen im Inland mit der schnellen Abwärtsbewegung der Wechselkurse z. T. nicht Schritt hielten, entstanden sehr große volkswirtschaftliche Verluste dadurch, daß die Unternehmer bei Verkäufen ins Ausland rechnerisch noch Gewinne erzielten, während die Kaufkraft des Gegenwerts in ausländischen Zahlungsmitteln, den sie erhielten, in keiner Weise ihren eigenen Leistungen entsprach.

Es blieb damals nichts weiter übrig, als die beiden Funktionen des allgemeinen Tauschmittels und des Wertmaßes wieder zu trennen, und dieser Vorgang war im Augenblick der Stabilisierung der Mark auch schon weit fortgeschritten. Die Mark wurde in Form von Papierscheinen oder Giralgeld noch als Tauschmittel verwendet, als Recheneinheit dienten dagegen der USA-Dollar, das Gramm Gold oder der Zentner Roggen usw. So haben auch im Mittelalter oft eine große Anzahl verschiedener Münzsorten als Tauschmittel nebeneinander gegolten, während sich die Wirtschaftsrechnung auf eine einheitliche Rechnungsskala stützte, etwa den Goldsolidus, den Venetianischen Dukaten oder an anderer Stelle die Rigische Mark. Ähnliches ist auch für das Altertum teils geschichtlich bekannt, teils wegen des in gewissen Orten herrschenden Chaos von Geldarten anzunehmen.[1])

Gerade von den Schwankungen der Währung sind sehr wesentliche Antriebe zur Entstehung der Wirtschaftslenkung ausgegangen. Die Devisennot zwang in Deutschland schon seit 1931 zur Devisenbewirtschaftung und Außenhandelslenkung, und von dort aus machten sich immer weitere Lenkungsmaßnahmen erforderlich, die schließlich die gesamte Wirtschaft erfaßten:

Reithinger[2]) schrieb 1936: „Die exakteste privatwirtschaftliche Kostenkalkulation und die großzügigsten staatlichen Exportförderungsmaßnahmen werden hinfällig, wenn Währungsentwertungen von dem Ausmaß der englischen oder amerikanischen eine völlige Umkehrung der internationalen Preis- und Kostenrelationen herbeiführen. Dazu kommt, daß die neu aufgerichteten Zollschranken und die gegenseitige Abschließung durch Kontingente oder devisenpolitische Maßnahmen wesentlich andere Formen des Güterverkehrs erzwungen haben und auch den privatwirtschaftlichen Ein- und Verkauf über die Grenzen immer mehr in die Richtung der volkswirtschaftlichen Kompensationsüberlegungen drängen. Privatwirtschaftliche Preiskalkulationen müssen unter solchen Umständen nicht selten hinter dem Gesichtspunkt des zahlungsbilanzmäßigen Ausgleichs und der geographischen oder politischen Ergänzung

---

1) Eucken, Grundlagen, S. 134–5.
2) Reithinger, a. a. O. S. 34–35.

zurücktreten. Währungs-, Rohstoff-, Import- und Exportprobleme werden dadurch vom privatwirtschaftlichen Waren- und Kreditgeschäft zwangsläufig immer stärker zu volkswirtschaftlichen Gesamtüberlegungen erweitert."

Man darf freilich nicht Geldwertschwankungen, Wechselkursschwankungen und Preisveränderungen durcheinanderwerfen, wie es Moeller in seinem Aufsatz „Schwankender und fester Geldwert in ihrer Bedeutung für die Verwirklichung des gerechten Preises"[1]) tut, wenn man zum richtigen Ergebnis kommen will. Geldwertrisiko, Valutarisiko und Preisrisiko erfordern ganz verschiedene Abwehrmaßnahmen, können auch praktisch sehr wohl unterschieden werden und erfordern daher auch eine getrennte theoretische Behandlung[2]). Beispielsweise gefährdet es die Richtigkeit der Wirtschaftsrechnung eines Betriebes in keiner Weise, wenn der Preis eines seiner Kostengüter aus Gründen der Kostenersparnis oder des verschärften Wettbewerbs sinkt, wohl aber wenn durch währungspolitische Maßnahmen das Geld eines Landes seinen Wert ändert, weil dann die Wirtschaftsrechnung für den betreffenden Zeitraum ein völlig anderes Bild ergibt, obwohl sich an den technischen und natürlichen Voraussetzungen dieser Erzeugung nichts geändert hat. Aufrechterhaltung gleichen Geldwertes bedeutet gerade **nicht** gleichbleibende Preise bei veränderten Kosten- und Wettbewerbsbedingungen, vielmehr muß sich bei gleichbleibendem Geldwert jeder Preis für sich seinen eigenen Bedingungen entsprechend verändern. Die Frage eines allgemeinen, ausnahmslosen Preisstop ist von der des Geldwertes klar zu trennen.

Aus denselben Gründen war in der deutschen Wirtschaft von 1936 an, besonders aber nach der Kapitulation bis zur Währungsreform,eine einwandfreie Wirtschaftsrechnung nicht möglich. Die Fortsetzung der Kreditschöpfung nach Ereichung der Vollbeschäftigung, die riesige Vermehrung der umlaufenden Geldmenge während des Krieges und der ungeheure Rückgang des Produktions- und Handelsvolumens infolge der Zerstörung von Produktionsanlagen durch den Krieg, infolge der Gebietsabtretungen und der Produktionsverbote haben zu einem starken Mißverhältnis zwischen den amtlichen Stoppreisen und Stoplöhnen und dem wirklichen Geldwert geführt. Schon eher wurde die wirkliche Knappheit der Güter und Leistungen im Verhältnis zur Knappheit des Geldes durch die Preise des schwarzen Marktes ausgedrückt, aber diese wichen hiervon wegen der hohen darin eingerechneten Risikoprämie wieder nach oben ab. Die Folge war, daß jeder, der Waren besaß, diese hortete oder nur gegen andere Waren abgab, und daß niemand mehr für Geld arbeiten wollte, wenn er nicht dazu gezwungen werden konnte. Das Wirtschaftsrecht, auf das die staatliche Wirtschaftslenkung sich stützte, wurde zwar formell aufrechterhalten, aber immer offener

---

1) Schriften der Akademie für Deutsches Recht. a.a. O. S. 179 ff. „Der gerechte Preis".

2) Hellauer i. d. Zeitschritt für Betriebswirtschaft. Jg. IV, 19 7, H. 7. 491—7. Ferner: Kurt Schmalz. Valutarisiko. Stuttgart 1921. Stein. Valutarisiko und Sicherung der Unternehmung. Bln. 1924. P. Ostertag. Die Deckung des Valutarisikos im Warenhandel. Bln. 1924.

durchbrochen oder umgangen, weil weder die Beamten noch die Privatleute leben konnten, ohne es zu durchbrechen.

Diese Erfahrungen sind zu bekannt und der Zusammenhang zwischen einer richtigen Kostenrechnung und einem beständigen Geldwert zu offensichtlich und zu oft in der Literatur dargestellt, als daß es sich lohnte, hierauf noch ausführlicher einzugehen.[1])

Man sprach in diesem Zusammenhang u. a. von einem **„Kaufkraftüberhang"**, d. h. einer zusätzlichen Nachfrage, die mit der gegebenen Versorgungslage und dem amtlich festgesetzten Preisstand nicht in Einklang steht. Dieser Fall ergibt sich dann, wenn die Einkommenspolitik den Zusammenhang mit Erzeugungen und Leistungen der Volkswirtschaft verliert. Da er zu einer Gefahr für die Festigkeit der Währung zu werden vermag, hat man schon während des Krieges begonnen, ihm durch Maßnahmen der Kaufkraftabschöpfung entgegenzuwirken [2]).

Die Beschränkung der Freiheit der **Veräußerung** allein hätte die richtige Wirtschaftsrechnung nicht immer verhindert, denn die beweglichen Erzeugungsmittel und der städtische Boden unterlagen keinen solchen Beschränkungen, und die Bestimmungen des Erbhofrechtes konnten die Bildung eines objektiven Tauschwertes für landwirtschaftliche Böden nicht völlig unmöglich machen, weil immer noch genügend anderer Boden frei veräußerlich war, dessen Preis zur Grundlage der Bewertung auch der Böden der Erbhöfe genommen werden konnte. Wenn es keinen Preisstop gegeben hätte, würde die Beschränkung des Angebots landwirtschaftlichen Bodens durch die Einführung des Erbhofrechts dessen Tauschwert erhöht haben, was jedoch nur die Übertragung der höheren Wertschätzung des eigenen deutschen landwirtschaftlichen Bodens in die Wirtschaftsrechnung bedeutet hätte. Es wäre dies ein Beispiel einer Übertragung einer gesellschaftlichen Wertschätzung im Sinne Kapps in die private Wirtschaftsrechnung, eine Angleichung der privatwirtschaftlichen an die volkswirtschaftliche Kostenrechnung gewesen, die aber durch den Preisstop gerade verhindert wurde. Es soll nicht verkannt werden, daß die geldliche Wertung des Bodens eines Erbhofes deshalb Schwierigkeiten bereitet hätte, weil dabei außer der Qualität auch die Lage eine Rolle spielt. Aber auch dieser Gesichtspunkt konnte berücksichtigt werden, wenn in der Nähe gelegene freie Grundstücke vor nicht langer Zeit veräußert worden wären. Die möglichen Bewertungsfehler hätten sich in den üblichen und erträglichen Grenzen gehalten.

Entscheidend waren jedoch die Beschränkungen der Freiheit kontraktlicher Vereinbarung, d. h. der Preis- und Lohnstop und die Begrenzung der Zinshöhe.

---

1) Zum Geld- und Schuldenproblem Deutschlands vor der Währungsreform vgl. u.a.: Adolf Weber. Übergangswirtschaft u. Geldordnung. München 1946. Cana. Hoffnungslose Finanzen? Merkur-Verlag Düsseldorf 1947 und Veröffentlichungen der Industrie- u. Handelskammer Mannheim „Zur Währungs- und Finanzlage Deutschlands".

2) Vgl. Schmölders in Schriften der Akademie für Deutsches Recht. Der gerechte Preis. S. 225—6.

Mit der Verordnung über das Verbot von Preiserhöhungen vom 26. 11. 36 (RGBl. I. S. 955) wurde der Preistop [1]) eingeführt. Weder Preise noch Zahlungs- und Lieferungsbedingungen durften gegenüber dem Stand vom 18. Oktober 1936 zum Nachteil der Abnehmer verändert werden. Ausnahmen bedurften der Genehmigung des Preisbildungskommissars und sind schon bis zum Kriegsausbruch in rund 7000 Fällen zugelassen worden.[2])

Auf der anderen Seite wurde durch die Verordnung über Wettbewerb vom 21. 12. 34 (RGBl. I, S. 1280) auch die Preisschleuderei bekämpft, d. h. das Anbieten von Gütern und Leistungen unter den Selbstkosten unter Schädigung des Staates, der Gläubiger oder der Gefolgschaft. Preisbindungen durch Kartelle oder dgl. bedurften nach der Verordnung über Preisbindungen vom 23. 11. 40 (RGBl. I, S. 1573) der Einwilligung des Reichskommissars für die Preisbildung. Die Einwilligung galt für höchstens drei Jahre. In der Regel wurden die Preise nach oben hin beschränkt, jedoch konnte der Reichskommissar für die Preisbildung nach § 1 Abs. 5 dieser Verordnung auch bestimmen, daß gebundene Preise nicht unterschritten werden durften. Nach § 1 Abs. 6 der VO. konnte er anordnen, daß die durch Kartellpreise entstehenden übermäßigen Gewinne ganz oder teilweise in einer von ihm zu bestimmenden Art abgeführt wurden. Hiermit wurden die aus den einheitlichen Kartellpreisen entstehenden übermäßigen Differentialrenten einzelner Unternehmen erfaßt.

Seit Kriegsbeginn war Grundsatz der Preispolitik die „Kriegsverpflichtete Preisbildung", d. h. jeder hatte nach der Kriegswirtschaftsverordnung vom 4. 9. 39 (RGBl. I, S. 1609) „bei seinem Preisgebaren in dem Bewußtsein zu handeln, daß der Krieg jedem Deutschen eine besondere Verantwortung gegenüber seinem Volke auferlegt und wirkliche Opfer von ihm verlangt." Für die Preisbildung der Kartelle galt, daß sie nicht mehr — wie früher — von den Kosten des schlechtesten Betriebes ausgehen durften, der noch dem Kartell angehören sollte, sondern von den Kosten eines mittelguten Betriebes und nach dem Erlaß des Reichskommissars für die Preisbildung betreffend Gewinnabschöpfung und Preissenkung bei gebundenen Preisen vom 15. 7. 1941 (A-14-3266/41) (Mitt. Bl. d. Reichskommissars für die Preisbildung 1941 I, S. 442) von den Kosten eines guten Betriebes.

Bis zum Kriege beschränkte man sich auf eine Regelung des Preises jedes einzelnen Produktes für sich, in der Kriegswirtschaft dagegen unterlag auch der Gesamtgewinn eines Unternehmers der Kontrolle und der Unternehmer mußte nach § 22 der Kriegswirtschaftsverordnung

1) Fritz Vogt. Die Wandlungen der Marktordnungsverbände vom liberalen zum autoritären Staat. Stuttgart und Berlin 1943. S. 313 ff.
Wilhelm Rentrop und Hansgeorg Kayser. Preispolitik und Preisüberwachung in Europa, München, Bln. 1941. S. 41 ff.
Erich Preiser. Wettbewerbspreis und Kostenpreis. Schriften der Akademie für Deutsches Recht. Der Wettbewerb. S. 107 ff.

2) Schmölders — Graf York v. Wartenburg. Die Preisbildung nach der Kriegswirtschaftsverordnung. Stuttgart und Berlin. 1941. S. 17.

Kriegsgewinne durch Preissenkung verhindern und in der Vergangenheit bereits enstandene derartige Gewinne an die Reichskasse abführen. Die Höhe eines angemessenen Gewinnes ergab sich aus Richtpunkten der Reichsgruppe Industrie, die von guten Betrieben ausgehen sollte, während schlechte Betriebe u. U. auf Gewinn verzichten mußten.

Die Betriebe, die mit höheren Kosten arbeiteten, wurden durch diese Bestimmungen gezwungen, mit allen Mitteln ihre Kosten dem für die Preisbildung maßgebenden Betrieb anzupassen. War dies nicht möglich, so hätte auf die Dauer der betreffende Betrieb ausschalten müssen. Bei **öffentlichen** Aufträgen war es anfangs gestattet, die Preise nach den Selbstkosten festzusetzen. (Erlasse des Reichskommissars für die Preisbildung vom 2. 2. 42, 19. 5. 42 — Ra. 117. vgl die LSOe-Verordnung über Preisermittlung auf Grund der Selbstkosten bei Leistungen für öffentliche Auftraggeber vom 15. 11. 38). Da hierdurch das Streben der Betriebe nach ständiger Rationalisierung beeinträchtigt wurde, durften nach einem Erlaß vom 6. 12. 1941 Rüstungsaufträge grundsätzlich nur noch zu Festpreisen vergeben werden. Ein Arbeitstab beim OKW setzte zu diesem Zweck Einheits- oder Gruppenpreise fest; machte eine verschiedenartige Kostenstruktur der Betriebe verschiedene Preise nötig, dann wurden „Preisgruppen" gebildet, von denen die Preisgruppe I den niedrigsten Preis erhielt, und in die die Hersteller vom Arbeitsstab bzw. vom OKW oder dem öffentlichen Auftraggeber eingegliedert wurden. Jeder Hersteller konnte durch eigene Erklärung in die Preisgruppe I kommen, in der er zwar den niedrigsten Preis erhielt, dafür aber von der Gewinnablieferungspflicht befreit war.

Die Preise für **Einfuhrwaren** waren in der Auslandswarenpreisverordnung vom 15. 7. 37 geregelt. Der Teil des Preises, der für die Ware selbst auf dem Weltmarkt gezahlt werden mußte, galt als auslandbestimmt und daher veränderlich. Dagegen unterlag der inlandsbestimmte Teil des Gesamtpreises, d. h. die übrigen Kosten und die Gewinnspanne des deutschen Verkäufers ausländischer Waren dem Preisstop.[1])

Sind die Preise der Roh- und Halbstoffe, die Löhne und Gehälter, ferner die öffentlichen Lasten, die festen Tarife der Verkehrs- und Versorgungsbetriebe usw. gebunden, so ergibt sich daraus auch eine Bindung der Selbstkosten.[2]) Diese können also nur noch durch mengenmäßige Veränderungen gesenkt werden, beispielsweise durch Einsparung von Rohstoffen oder Arbeitsstunden, also durch eine Rationalisierung der Erzeugung, nicht durch einen Preisdruck auf die Vorerzeuger und durch Lohnsenkungen. Dies bedeutet eine wesentliche Veränderung des gesamten Wirtschaftsaufbaues. „Durch Preis- und Lohnbindungen können keineswegs sämtliche Schwankungen aus dem Wirtschaftsleben ausgeschaltet werden, diese übertragen sich dann vielmehr auf die Produktionsmenge und den Beschäftigungsgrad. Wenn man irgendwie einen

1) Über die Schwierigkeiten hierbei: Schmölders. Schriften d. Akademie f. Deutsches Recht. Der gerechte Preis. S 24.
2) Wagemann, Ernst. Struktur u. Rhythmus d. Weltwirtsch. Bln. 1931. S. 277.

bestimmten Umfang des Absatzes erzwingt, so kann dies zu schweren Fehlleitungen der Investition oder zu unangenehmen Bedarfsstauungen führen." [1]) Gerade die letztere Gefahr ist besonders groß. Andererseits können es auch die Unternehmergewinne sein, die besonders den Schwankungen unterliegen; ein Anreiz mehr für die Abschöpfung überhöhter Gewinne in der Rüstungskonjunktur.

Die staatliche Preispolitik wollte eine gerechte Verteilung knapp gewordener Ware erreichen und verhinderte Preissteigerungen dieser Ware, damit nicht nur die Begüterten sich diese Waren verschaffen konnten. Da diese Preispolitik nun aber zu einem schnellen Ausverkauf der Läger führen würde, mußte sie durch straffe Rationierung der verknappten Waren ergänzt werden. Eine rein polizeiliche Überwachung der Preise führt erfahrungsgemäß nicht zum Ziele; daher mußte die Preispolitik auf alle die Kräfte Einfluß nehmen, die den Preis bestimmen, und sie mußte mit den übrigen wirtschaftlichen Führungsstellen zusammenarbeiten, die die anderen volkswirtschaftlichen Lenkungsmittel handhaben, also Finanz-, Kredit- und Steuerpolitik, die staatliche Auftragspolitik, die Handelspolitik, die Devisenbewirtschaftung usw., denn sie alle wirken wieder auf die Preise.) Die Schwierigkeiten bei der polizeilichen Preisüberwachung sind dabei umso größer, je weniger elastisch die Nachfrage nach einem Gute ist, denn bei Gütern des starren Bedarfs ist die Ausweichneigung am größten.

Die Maßnahmen, die Angebot und Nachfrage beeinflussen, sind Maßnahmen der **mittelbaren Preispolitik.** Da die Erzeugung die Grundlage des **Angebots** ist, sind alle Maßnahmen, die das Ziel verfolgen, das Angebot zu kürzen, zu vergrößern oder auf dem gleichen Stand zu erhalten, also die Erzeugung zu beeinflussen, für diese mittelbare Preispolitik wichtig; die Preisbehörde muß daher von etwa erlassenen Verwendungs- und Verarbeitungsverboten mindestens vorher erfahren. Ein geordnetes Rechnungswesen der Betriebe ermöglicht Betriebsvergleiche und erleichtert die Rationalisierung. Typisierung und Normung der Waren und Schaffung von Einheitswaren nach dem Muster der Einheitsrundfunkgeräte ermöglichen große Serien und durch die damit verbundene Kostensenkung niedrigere Preise. Ebenso wichtig ist die Beeinflussung der **Nachfrage** durch Verbrauchslenkung, weg von den knapp gewordenen Waren und hin zu den reichlicher vorhandenen. Gefördert wird die Verbrauchslenkung durch die Einkaufslenkung des Handels, vor allem des Großhandels, denn die Aufnahme der Waren in die Kollektionen des Großhandels beeinflußt das Sortiment der Einzelhändler und mittelbar den Verbraucher.[3])

Andererseits ist es möglich, durch die Preispolitik die Erzeugung zu beeinflussen. Durch Niedrighaltung der Preise wird der Erzeuger zur

---

1) Wagemann. a. a. O: S. 54. Ähnlich Aug. Lösch. Die räumliche Ordnung der Wirtschaft. Jena 1940, S. 296, 318, 330.

2) Kentrop-Kayser. A. a. O. S. 25–26; Schmölders, a. a. O. S. 213 ff.

3) Kentrop-Kayser, a. a. O. S. 36 ff.

Rationalisierung gezwungen, und es werden die Betriebe, bei denen dies nicht möglich ist, ausgeschieden. Sie bewirkt ferner eine Verknappung des Angebots, und zwar einmal, weil sie jenes Ausscheiden der unrationellen Betriebe verursacht, und zweitens weil sie für den Unternehmer den Anreiz zur Erzeugung jener Güter vermindert. Umgekehrt kann ein Hochhalten der Preise dazu dienen, die Erzeugung zu steigern, was man vor allen Dingen bei knappen Gütern anstreben wird, also bei solchen, bei denen die Nachfrage das Angebot übersteigt. Der hohe Preis gibt einen Anreiz für vermehrte Erzeugung der Güter und beschränkt zugleich die Nachfrage. Da diese Beschränkung der Nachfrage auf die zahlungsfähigeren Käufer u. U. als ungerecht empfunden wird (s. oben), ist es psychologisch zweckmäßig, die verhältnismäßige Preiserhöhung durch Stabilerhaltung dieser Preise und Senkung der übrigen anzustreben. Bei der Landwirtschaft wirkt die Herauf- oder Herabsetzung der Preise erheblich unmittelbarer und schneller auf den Umfang der Erzeugung als beim Gewerbe, da für die Vergrößerung der Kapazität bei der gewerblichen Erzeugung im allgemeinen mehr Zeit erforderlich ist; trotzdem wirkt sie auch dort, fällt aber nicht so leicht ins Auge.

So ist das Verhältnis von Angebot und Nachfrage auch in der gelenkten Wirtschaft von größter Bedeutung für die Preisbildung. Jedoch wird der Preis nicht mehr zwangsläufig durch dieses Verhältnis im Sinne eines von selbst mechanisch wirkenden Gesetzes bestimmt, sondern dazwischen steht die politische Entscheidung der Preisbehörde. Die Veränderungen der Nachfrage können auf die Entscheidung der Preisbehörde auch auf dem Umwege über die Produktionskosten einwirken, wenn der Umfang der Erzeugung sich der Nachfrage entsprechend verändert hat. Nur bei proportionalen Kosten entsteht keine solche Beeinflussung des Preises, dagegen bewirkt bei steigenden Stückkosten eine Vergrößerung und bei sinkenden Stückkosten eine Verringerung der Nachfrage eine Kostenerhöhung beim Unternehmer. Diese Entwicklung wird den Unternehmer zu einem Antrag auf Genehmigung einer Ausnahme vom Preisstop veranlassen, und die Preisbehörde wird diesem Antrag u. U. stattgeben müssen. Lediglich die Spekulation ist ausgeschaltet. Umgekehrt kann eine angeordnete Preissenkung aus derselben Kostenstruktur heraus durch die dadurch eintretende Absatzsteigerung nachträglich tragbar werden, wie dies bei der Düngemittelpreissenkung durch die Verordnung vom 23. 3. 1937 der Fall war.

Besonders zweckmäßig können solche im voraus angeordneten Preissenkungen bei technischen Fortschritten wirken, die mit einer Kostensenkung verbunden sind. Sie verhindern die in der freien Marktwirtschaft regelmäßig eintretende überproportionale Entwicklung der technisch fortgeschrittenen Industriezweige, weil sie die höheren Gewinne dieser Industrien von vornherein beschneiden, die in der freien Wirtschaft mehr Kapital zu ihnen locken, als deren volkswirtschaftlich richtigen Verhältnis entspricht und dadurch später zu Absatzstokkungen und Krisen führen. Die vorausschauende Preissenkung ist also ein wirksames Mittel der Konjunkturpolitik.

Aus alle dem ergibt sich, daß hinsichtlich der **Wirtschaftsrechnung in der gelenkten Volkswirtschaft** durch geeignete Verschmelzung der Merkmale der zentralgeleiteten und der Verkehrswirtschaft bei entsprechender Preispolitik die Fehler beider Wirtschaftssysteme vermieden werden können. Der Fehler der reinen **Zentralverwaltungswirtschaft** liegt darin, daß in ihr eine richtige Wirtschaftsrechnung überhaupt nicht möglich ist. Sind aber Merkmale der Verkehrswirtschaft mit Merkmalen der Zentralverwaltungswirtschaft gemischt, dann bilden die im verkehrswirtschaftlichen Abschnitt entstehenden Preise eine Stütze für die Wirtschaftsrechnung. Dies ist — wie wir gesehen haben — in der gelenkten Wirtschaft geschehen. Es sind hier effektive Preise beibehalten worden, ebenso die Geldwirtschaft und der Gebrauch des Geldes als Recheneinheit, der Tausch zwischen Privaten, das Privateigentum an Verbrauchs- und Erzeugungsgütern als Teil der Wirtschaftsverfassung, die private Initiative der Unternehmer, wenn auch in mancherlei Hinsicht beschränkt, und schließlich als wesentliches verkehrswirtschaftliches Kennzeichen die Wirtschaftspläne der Einzelwirtschaften. Die Einzelwirtschaften konnten auf Grund ihrer eigenen Pläne durch ihre Wirkung auf Angebot und Nachfrage den Lenkungsbehörden sozusagen Signale geben, die sie über Änderungen in der durchschnittlichen subjektiven Bewertung der Güter unterrichteten, wonach sie sich bei der Preisfestsetzung richten könnten, wenn nicht das Gemeinwohl eine Gegenwirkung dieser Stellen gegen jene subjektive Bewertung erforderte.

Wieweit treffen **v. Mises Gründe** für die Unmöglichkeit der Wirtschaftsrechnung in der sozialistischen Wirtschaft auch für die gelenkte Volkswirtschaft zu? Auch in der gelenkten Volkswirtschaft baut die Bildung des objektiven Wertes auf den subjektiven Wertschätzungen aller Verkehrsteilnehmer auf, nur wird er nicht — wie in der reinen Verkehrswirtschaft — völlig mechanisch von diesen bestimmt, sondern er wird durch die Preisbehörde entsprechend den übergeordneten Belangen der Gemeinschaft abgeändert oder verbessert. Diese von der Behörde erkannten Gesichtspunkte sind auch objektive Maßstäbe und unter günstigen Umständen bessere, als der blinde Marktmechanismus sie zu bieten vermag. Da das Geld sowohl als allgemeines Tauschmittel wie als Recheneinheit beibehalten worden ist, läßt sich auch der Wert der Güter wie in der reinen Verkehrswirtschaft auf diese Einheit zurückführen. Ferner stehen sowohl die Verbrauchs-, wie die Erzeugungsgüter im Tauschverkehr, und es besteht in der Bildung der Werte für beide kein Unterschied. Auch die zweite Voraussetzung, nämlich daß auch beim Austausch der Erzeugungsmittel das Geld verwendet wird, ist gegeben. Die Preise, von denen die Preisbildung in der gelenkten Volkswirtschaft geschichtlich ausging, hatten sich im wesentlichen unter verkehrswirtschaftlichen Voraussetzungen gebildet und sollten nicht unverändert beibehalten, sondern den wechselnden wirtschaftlichen Verhältnissen laufend angepaßt werden. Natürlich ist auch die Preisbehörde nicht allwissend; darum war aber die Mitwirkung der einzelnen Teilnehmer am Wirtschaftsverkehr durch Anträge und deren Begründung mit eingeschaltet. Daß die Gründe, die v. Mises anführt, für die gelenkte Volkswirtschaft nicht gelten, braucht nicht mit der falschen Arbeitswerttheorie begründet zu werden, weil eben nicht auf die Arbeit als angeblich einzige neben dem freiverkehrswirtschaftlichen Marktwert mögliche objektive Wertgröße zurückgegriffen zu werden brauchte, sondern jener Marktwert nur nach anderen objektiven Maßstäben abgeändert wurde. Man rechnete eben auch bei uns nicht in Arbeitsstunden, sondern in Geld. Die Naturalrechnung wurde auch bei uns, wie in der reinen Verkehrswirtschaft, nur für Hilfsrechnungen angewendet, für die sie geeignet ist, wenn auch dazu in verstärktem Umfang.

Was die Verschmelzung verkehrswirtschaftlicher mit zentralverwaltungswirtschaftlichen Merkmalen angeht, so widerspricht sich hier v. Mises selbst, denn einmal erklärt er, wenn der Einzelbetrieb zum Eigentümer der Produktionsmittel gemacht werde, mit dem Recht, sie gegen Entgelt zu veräußern, sei dies kein „Sozialismus“ mehr, woraus man schließen muß, daß seiner Ansicht nach in diesem Falle auch die Wirtschaftsrechnung möglich wäre; auf der anderen Seite aber lehnt er im Zusammenhang mit Staatskapitalismus und Planwirtschaft alle „Kompromisse“ ab, begründet dies allerdings diesmal allgemein mit der geringeren wirtschaftlichen Leistungsfähigkeit jener von ihm abgelehnten Systeme. Dabei stellt v. Mises alles auf die Frage der tatsächlichen Entscheidung über die Verwendung der Erzeugungsmittel ab, was auch Anlaß gab, seine „Gemeinwirtschaft“ mit Euckens „Zentralverwaltungswirtschaft“ gleichzusetzen. Für die Richtigkeit der Wirtschaftsrechnung kommt es aber nicht in erster Linie auf die Frage an, wer über die Verwendung der Erzeugungsmittel entscheidet, sondern darauf, ob die subjektiven Wertschätzungen der Einzelnen auf den Wert, mit dem die Erzeugungsgüter in die Wirtschaftsrechnung eingehen, einen Einfluß ausüben oder nicht. Dies ist in der „total zentralgeleiteten Wirtschaft“ nicht der Fall, wohl aber kann es in der „gelenkten Volkswirtschaft“ zutreffen. Folglich führt jener abgelehnte Kompromiß in Wahrheit zu einem ganz anderen Ergebnis. Es handelt sich eben nicht um einen Kompromiß zwischen zwei Systemen (Verkehrswirtschaft und Zentralverwaltungswirtschaft), sondern um einen **grundsätzlich neuen, dritten Weg.** Dies ist übrigens ein wichtiger Einwand gegen die von Eucken getroffene Auswahl von Idealtypen der Wirtschaftssysteme. Ein weiterer Einwand ist der, daß in dieser Theorie die Sowjetwirtschaft und die gelenkte deutsche Wirtschaft beide als Verschmelzung der Wirtschaftssysteme Verkehrswirtschaft und Zentralverwaltungswirtschaft und ihre Unterschiede nur als Gradunterschiede erscheinen. Wie notwendig die Bildung eines dritten Idealtypus gewesen wäre, geht auch daraus hervor, wie gequält bei Eucken die theoretische Einordnung der behördlichen Preisfestsetzung wirkt; sagt er doch selbst, daß sie unter den übrigen Marktformen der Verkehrswirtschaft eine Sonderstellung einnehme und ganz verschieden zu beurteilen sei, je nachdem in welche frühere Marktform hinein sie erfolgt, und daß sie auch starke Merkmale der zentralgeleiteten Wirtschaft enthalte.

Grundlage der Wirtschaftsrechnung und Ziel der Preispolitik war der „volkswirtschaftlich gerechtfertigte Preis". Diesen Begriff zu definieren halten Rentrop-Kayser für ebenso unmöglich wie die Quadratur des Kreises.[1]) In Deutschland habe derjenige Preis als volkswirtschaftlich gerechtfertigt gegolten, der zuerst der Arbeitsbeschaffungspolitik, dann der Aufrüstung, der Durchführung des Vierjahresplanes und zuletzt der Erringung des Sieges am besten dienen sollte. Diese Darstellung ist jedoch zu oberflächlich; **ein volkswirtschaftlich richtiger Preis ist dann gegeben, wenn dadurch die knappen Erzeugungskräfte der Volkswirtschaft in der besten Randordnung verwendet werden.** Hierfür sind in erster Linie die Preise der Erzeugungsgüter maßgebend. Diese gehen in die Kostenrechnung der Betriebe und damit in die Preisbildung der Verbrauchsgüter ein als:

1. Grundrente,
2. Kapitalzins, (wobei die Höhe der Preise für die Erzeugungsgüter für die zu verzinsende Kapitalsumme entscheidend ist),
3. Arbeitslohn,
4. Unternehmergewinn (der betriebswirtschaftlich nicht zu den Kosten gehört, wohl aber volkswirtschaftlich zu den „Erzeugungsmittelpreisen").

Für jeden dieser Bestandteile lassen sich im einzelnen Grundsätze über die gerechte Preisbildung aufstellen, die aufzuzählen hier zu weit führen würde.[2]). Alle diese Erwägungen lassen sich in den **Grundsatz** zusammenfassen, daß die Preisbildung dann gerecht ist, wenn sie die Persönlichkeit zur Hergabe ihrer Höchstleistung in Beziehung zur Gemeinschaft veranlaßt.[3])

Wirtschaftslenkung ist bewußte Datenveränderung (anstelle der in der reinen Verkehrswirtschaft herrschenden zufälligen) der volkswirtschaftlichen Wertgrößen, an die die Wirtschaftsrechnung anknüpft. Die Verbrauchsgewohnheiten sind ja veränderlich, nur daß die Verbrauchslenkung heute oft vom Staat und nicht vom Unternehmer und dessen Gewinnstreben ausgeht.[4]) Spielt sich jedoch die Datenveränderung nicht ein, so besteht noch die Möglichkeit der Zwangsbewirtschaftung, von der in der gelenkten Volkswirtschaft immer dann Gebrauch gemacht wird, wenn überwiegende öffentliche Interessen dazu zwingen, deren Unannehmlichkeiten in Kauf zu nehmen. Die wirkliche Kostenrechnung

---

1) Rentrop-Kayser, a. a. O. S. 28.
2) Vgl. „Schriften der Akademie für Deutsches Recht", Der gerechte Preis.
3) Jessen in „Schriften der Akademie für Deutsches Recht", a. a. O. S. 9.
4) Vgl. Helander in „Schriften der Akademie für Deutsches Recht", a. a. O. S. 24.

der Wirtschaftspraxis geht von einer ganz anderen **Kostengliederung** aus. Inhaltlich, nach der Art der verbrauchten Leistungen, unterscheiden die „Allgemeinen Regeln zur industriellen Kostenrechnung“ [1]) folgende Kostenarten:

1. Fertigungsstoffe,
2. Löhne,
3. Urlauber- und Feiertagslöhne,
4. Gehälter,
5. soziale Aufwendungen,
6. Brennstoffe,
7. Energie,
8. Hilfsstoffe,
9. Werkzeuge und Werksgeräte,
10. Instandhaltungs- und Instandsetzungskosten,
11. Frachten,
12. Büromaterial, Post- und Fernsprechkosten usw.,
13. Steuern,
14. Ausfuhrförderungsabgaben,
15. Patente und Lizenzen,
16. kalkulatorische Abschreibungen,
17. kalkulatorische Zinsen,
18. Unternehmerlohn,
19. kalkulatorische Wagnisse.

Versuchen wir diese Kostenarten in das volkswirtschaftliche Schema einzugliedern, so bleibt eine Reihe von Kostenarten übrig, die wir nur unter den Oberbegriff „Warenpreise und Preise für Leistungen fremder Betriebe“ zusammenfassen können, während der Unternehmergewinn in diesem Zusammenhang nicht erscheint. Theoretisch können wir jede unter der Rubrik „Warenpreise“ usw. stehende Kostenart wieder ihrerseits in Unternehmergewinn und alle anderen Kostenarten auflösen, so daß mit der wachsenden Zahl der Wiederholungen dieses Rechenprozesses der prozentuale Anteil der nicht in Lohn, Zins, Grundrente und Unternehmergewinn aufgelösten Teile des untersuchten Preises so klein würde, daß wir ihn vernachlässigen könnten. Für eine praktische Durchführung auch einer volkswirtschaftlichen Kostenrechnung aber kommt dieses Verfahren nicht in Frage, sondern wir müssen die Warenpreise als Kostenbestandteil für sich prüfen und gegebenenfalls berechnen. Die Aufteilung der Kostenarten ergibt dann folgendes Bild:

1. Lohn.
   1. Löhne,
   2. Urlauber- und Feiertagslöhne,
   3. Gehälter,
   4. soziale Aufwendungen,
   5. Unternehmerlohn.

---

1) Allgemeine Regeln z. industriellen Kostenrechng. Reichsgr. Industrie. Bln., bearbeitet von Dr. A. Müller, Stuttgart 1942.

2. Zins.

6. kalkulatorische Zinsen (ohne Verzinsung des Grundstückswerts),
7. kalkulatorische Wagnisse.

3. Grundrente.

8. kalkulatorische Zinsen auf den Grundstückswert.

4. Warenpreise und Preise für Leistungen fremder Betriebe.

9. Fertigungsstoffe,
10. Brennmaterial,
11. Energie,
12. Hilfsstoffe,
13. Werkzeuge und Werksgeräte,
14. Instandhaltungs- und Instandsetzungskosten,
15. Frachten,
16. Büromaterial, Post- und Fernsprechkosten usw.,
17. Patente und Lizenzen,
18. kalkulatorische Abschreibungen.

Diese erste rohe Aufteilung befriedigt zwar noch bei weitem nicht, aber wir können doch zunächst davon ausgehen. Wir werden jetzt also prüfen, 1. den Lohn, 2. den Zins, 3. die Grundrente, 4. die Warenpreise, 5. den Unternehmergewinn.

Für jeden der genannten Preisbestandteile sind nun die drei Grundfragen zu stellen:

1. Gehört dieser Kostenfaktor der Betriebsrechnung auch als solcher in eine volkswirtschaftliche Kostenrechnung hinein?
2. Entstehen für eine Beschaffung an anderer Stelle in der Volkswirtschaft Aufwendungen, die nicht in die Preisbildung eingehen?
3. Kommt die Knappheit der Erzeugungsmittel in den Erzeugungsmittelpreisen richtig zum Ausdruck?

2. Der Lohn.

Der Lohn war bei Beginn der bewußten deutschen Wirtschaftslenkung höher, als es der Knappheit des Arbeitsangebots im Verhältnis zur Nachfrage und zum Geldwert entsprochen hätte. Dies fand seinen Ausdruck in der Arbeitslosigkeit von Millionen arbeitsfähiger und arbeitswilliger Männer und Frauen. Die Gewerkschaften hatten in den Jahren der großen Arbeitslosigkeit an der mühsam erkämpften Lohnhöhe festgehalten und die Unterstützung der Arbeitslosen aus den Mitteln der Arbeitslosenversicherung und der öffentlichen Fürsorge hatten dieses Festhalten ermöglicht. Für den Arbeitslosen, der Unterstützung empfing und eine schlecht bezahlte Arbeit angeboten erhielt, bedeutete nicht der gesamte ihm angebotene Lohn eine Erhöhung seines Einkommens, sondern nur der Betrag, um den dieser Lohn höher war, als die Unterstützung. Die Dringlichkeit des Angebots in Arbeitsleistungen war dadurch erheblich vermindert. Außerdem war es Unternehmern und Arbeitern durch das herrschende Tariflohnsystem unmöglich gemacht, von sich aus Arbeitsverträge mit niedrigeren Lohnvereinbarungen abzuschließen.

Andererseits entstanden in dieser Zeit der Unterbeschäftigung der Volkswirtschaft sehr hohe zusätzliche Kosten eben durch die Zahlung von Unterstützungen, aber auch durch den Verbrauch der eigenen Ersparnisse der Arbeitslosen für unproduktive Zwecke. Diese Kosten kamen jedoch in der Betriebsrechnung jener Unternehmer, die vor der Frage einer Einstellung von Arbeitslosen zwecks Erweiterung einer inländischen Erzeugung standen, nicht zum Ausdruck. In die Grenzkosten der Unternehmung ging der Lohn in voller Höhe ein, während zu den volkswirtschaftlichen Grenzkosten nur der Lohn abzüglich der Unterstützung zu rechnen war, also genau der Betrag, mit dem auch der Arbeitslose als Einkommenserhöhung rechnete, wenn ihm Arbeit angeboten wurde, die Unterstützung aber rechnete zu den volkswirtschaftlichen Gemeinkosten. Es leuchtet demnach ein, **daß unter den gegebenen Verhältnissen und bei Beibehaltung des Systems der Arbeitslosenversicherung sehr viele Arbeiten volkswirtschaftlich noch „produktiv“ sein konnten, die privatwirtschaftlich nicht mehr „rentabel“ waren.**

Eine Lohnsenkung in diesem Zeitpunkt, etwa gar unter gleichzeitiger Streichung der Unterstützungen, hätte, wie wir wissen, nicht zur Beseitigung der Arbeitslosigkeit, sondern nur zu ihrer weiteren Steigerung geführt, weil Lohn und Unterstützung nicht nur Kosten-, sondern auch Einkommensbestandteile waren und durch die Verringerung der Einkommen die Nachfrage nach Gütern, damit aber auch die Nachfrage nach den zur Herstellung dieser Güter erforderlichen Arbeitskräften gesunken wäre.

Man ging nun aber nicht den Weg, die Grenzkosten des Betriebes den Grenzkosten der Volkswirtschaft etwa durch eine direkte Subvention an die Unternehmer, die zusätzliche Arbeitskräfte einstellten oder durch finanzielle Belastung der Betriebe, die Arbeitskräfte entließen, einander anzugleichen, sondern man vergrößerte die Nachfrage nach Arbeitskräften durch Arbeitsbeschaffungsmaßnahmen des Staates.

Durch das Nachlassen der Arbeitslosigkeit wurden dann die Löhne zunächst zu einem immer getreueren Ausdruck der Knappheit der Arbeitskräfte. Da die Nachfrage nach den verschiedenen Arten von Arbeitskräften nicht gleichmäßig anstieg und auch früher das Überangebot nicht gleichmäßig auf die Berufsgruppen verteilt war, trat dies jedoch nicht überall gleichzeitig ein.

Bei dem weiteren Anstieg der Beschäftigung wären nun die Löhne entsprechend der weiteren Verknappung der Arbeitskräfte gestiegen, und zwar zuerst die Löhne der Berufsgruppen, die zuerst knapp wurden. Dies wurde jedoch durch den Lohnstop verhindert, so daß von da an die Löhne immer zahlreicherer Arten von Arbeitskräften **unter** dem Betrag lagen, der ihre Knappheit im Verhältnis zu den übrigen Arbeitergruppen, den sonstigen Erzeugungsgütern und dem

Gelde richtig zum Ausdruck gebracht hätte. Um zu erreichen, daß die Arbeitskräfte für die volkswirtschaftlich dringlichsten Aufgaben zuerst eingesetzt wurden, wurde mit direkten Maßnahmen der Arbeitseinsatzpolitik in den Wirtschaftsablauf eingegriffen. Durch Verbote von Arbeitsplatzwechseln, Dienstverpflichtungen und sonstige Beschränkungen der freien Wahl des Berufs und des Arbeitsplatzes wurde dabei die Arbeitsfreude in zahllosen Fällen weit unter das mögliche Maß gesenkt und die psychologischen „naturalen Passiva" der Produktion, die von keiner irgendwie gearteten Wirtschaftsrechnung erfaßt werden können, ungeheuer gesteigert.

Vom Zeitpunkt der Vollbeschäftigung an und während der Zeit des Mangels an Arbeitskräften entstanden der Volkswirtschaft keine zusätzlichen Kosten durch Arbeitslosenunterstützung mehr, wohl aber durch die behördliche Regelung des Arbeitseinsatzes Verwaltungskosten, die nicht von den Betrieben getragen wurden.

Für die praktische Errechnung der wirklichen volkswirtschaftlichen Grenzkosten der Arbeit könnte das Rechenwerk der Arbeitslosenversicherung und die Haushaltsrechnung der Arbeitsverwaltung Anhalt geben.[1]) Würden in der öffentlichen Verwaltung nach dem Vorschlage Terhalles die Kosten getrennt nach den Einzelzielen der Verwaltungsarbeit erfaßt, so könnten die Ergebnisse genauer sein, als es jetzt möglich ist. Von der Frage des jeweiligen Gleichgewichtspreises der Arbeit ist diese Frage zu trennen. Der Gleichgewichtslohn läßt sich — wie wir wissen — auch mit mathematischen Methoden nur bei freier Konsumwahl und freier Preisbildung für Konsumgüter ermitteln, die Preise der Konsumgüter aber unterlagen seit Oktober 1936 dem Preisstop, und die freie Konsumwahl wurde zunehmend aufgehoben.

Die tatsächlich gezahlten Löhne waren auch weder in der Zeit der Tariflöhne noch in der Zeit des Lohnstops ein Ausdruck eines von den individuellen Wertschätzungen abweichenden „gesellschaftlichen Werts" der Arbeit, denn wenn sie das hätten sein sollen, hätten sie in der Zeit der Verknappung der Arbeitskräfte ebenso weit über dem Gleichgewichtslohn liegen müssen, wie in der Zeit der Arbeitslosigkeit. Die volkswirtschaftlichen Wertschätzungen fanden ihren Ausdruck vielmehr in der Richtung, in die der Arbeitseinsatz durch direkte Maßnahmen gelenkt wurde. Der Gesichtspunkt des richtigen Ausdrucks der Knappheit der Arbeitskräfte in der Wirtschaftsrechnung spielte ebenfalls bei der Wahl der Lohnpolitik keine Rolle, sonst hätte man **Einkommenspolitik und Kostenpolitik trennen** können. Dies hätte in der Weise geschehen können, daß man dem Arbeiter durch Erhaltung der durch die Tarifverträge gewährleisteten Löhne ein gleichmäßiges Einkommen sicherte und den Unternehmern in der Zeit der Arbeitslosigkeit Subventionen für die Einstellung von Arbeitslosen zahlte, dagegen aber in der Zeit der Überbeschäftigung eine „Arbeitskraftverwendungsabgabe" erhob, die nach der Knappheit der verschiedenen Arbeitskategorien gestaffelt war. Dies hätte besonders bei gleichzeitigem Preisstop die Unternehmer gezwungen, von sich aus alles zu tun, um besonders knappe Arbeiterkategorien durch weniger knappe oder durch Maschinenarbeit zu ersetzen.

Immerhin spielten bei den Löhnen neben den einkommenspolitischen doch auch kostenpolitische Gesichtspunkte eine Rolle, insofern nämlich als der Preisstop durch den gleichzeitigen Lohnstop und die damit zusammenhängende Begrenzung der betriebswirtschaftlichen Lohnkosten nach oben den Unternehmern schmackhafter gemacht werden sollte. Man erstrebte allgemein anstatt einer Preiskonjunktur eine Mengenkonjunktur, die nur durch Verhinderung eines konjunkturellen Kostenanstiegs erreicht werden konnte.

3. Der Zins.

Der Zins wurde durch gesetzgeberische Maßnahmen gesenkt. Diese verfolgten einkommenspolitische und konjunturpolitische Zielsetzungen. Der Sozialismus verlangt die Abschaffung des Zinses als eines arbeitslosen Einkommens, das nicht bewußt von der Gemeinschaft seinem Empfänger zugewiesen wird, weil er arbeitsunfähig oder unverschuldet arbeitslos ist, sondern ihm automatisch durch die Wirtschaftsstruktur zufließt. In der Konjunkturpolitik bedeutet eine Zinssenkung die Anregung gegenwärtiger Investitionen zwecks Überwindung einer Stockung und Arbeitslosigkeit. Soweit die Investitionen nicht zum Ersatz von Menschenarbeit durch Maschinenarbeit, sondern zu einem erhöhten Dauerbedarf an Arbeitskräften führen, kommt einer solchen Politik die dabei entstehende volkswirtschaftliche Ersparnis an Kosten der Arbeitslosigkeit zugute. Ein genaueres Rechnen aber wäre nützlicher, da andernfalls bei den Verwendungsmöglichkeiten für das nur beschränkt vorhandene volkswirtschaftliche Kapital nicht die erforderliche straffe Auslese stattfindet. Der Zins ist ebensowenig wie der Lohn bisher unter dem Gesichtspunkt der Wirtschaftsrechnung von der Politik betrachtet worden. Er hat in dieser Beziehung volkswirtschaftlich die Funktion, den Einsatz des Kapitals seiner Knappheit entsprechend dort zu veranlassen, wo es den größten Nutzen für die Volkswirtschaft stiften kann und die Verteilung des Einkommens auf Konsumtion und Investition in einer Weise zu regeln, die das Sozialprodukt nachhaltig ansteigen läßt. Ist der gegenwärtige Zins niedriger als es der Knappheit der Kapitalgüter in der Volksgemeinschaft entspricht, so wird in der Gegenwart so viel verbraucht, daß dieser Verbrauch auf die Dauer nicht beibehalten werden kann, und es werden Investitionen vorgenommen, die wegen ihres verhältnismäßig geringen Ertrages besser zu Gunsten anderer ertragreicherer Investitionen unterblieben wären. Der gesetzlich gesenkte Zins war kein richtiger Ausdruck für die Knappheit der Kapitalgüter, infolgedessen ist in den vergangenen Jahren zuviel verbraucht worden, und es mußten besondere Maßnahmen der direkten Investitionslenkung ergriffen werden, um die wichtigsten Kapitalbedürfnisse bevorzugt zu befriedigen. Auch bei den Kapitalgütern fanden die volkswirtschaftlichen Wertschätzungen, die nach künstlicher Zinssenkung von den privatwirtschaftlichen ja **mit Notwendigkeit** abweichen mußten, keinen Ausdruck im Zins, sondern nur in der Richtung, die den Investitionen durch staatlichen Eingriff gegeben wurden. Mit anderen Worten: der gesellschaftliche Wert" von Kapital und Arbeit fand im Gegensatz zum individuellen Wert keinen **zahlenmäßigen** Ausdruck, wurde nicht Ausgangspunkt einer Wirtschaftsrechnung.

Bei der Kapitalrechnung wirkte sich die ungeheure Geldvermehrung besonders schädlich aus. Vorhandenes „Geldkapital" bedeutete und bedeutet in jedem Zuteilungssystem durchaus nicht mehr eine allgemeine Anweisung auf beliebige Güter, sondern zu dem Geldschein muß in jedem Falle noch ein besonderes Papier hinzukommen, das zum Bezug einer bestimmten Warenart berechtigt. Somit wäre auch ein frei am Markt ausgehandelter Zins für Geldkapital kein Ausdruck für die ungeheure Verknappung der Kapitalgüter gewesen.

Über die im Zins enthaltene Risikoprämie ist vom volkswirtschaftlichen Standpunkt bei der inländischen Erzeugung nichts Besonderes zu bemerken, da die inländische politische und wirtschaftliche Entwicklung in der Regel für den privaten Kreditgeber, besonders für die Banken, ungefähr genau so gut oder schlecht übersehbar sein wird wie für staatliche Stellen.

Zur Rechtfertigung der Zinssenkung läßt sich anführen, daß durch die riesigen Staatsaufträge den Unternehmern die Risiken weitgehend abgenommen wurden, was eine Senkung des Zinses um einen großen Teil der darin enthaltenen Risikoprämie erlaubte.

4. **Die Grundrente.**

Die Grundrente spielte in der sozialistischen Diskussion früherer Jahre eine viel größere Rolle als heute, machte sie doch die besondere Richtung der „Bodenreformer" zu dem Kernpunkt der sozialen Frage überhaupt. In der heutigen Diskussion über Bodenreform ist von dieser Quelle arbeitslosen Einkommens kaum noch die Rede. Da die Politik den heimischen Boden erheblich höher einschätzte, als die Privatwirtschaft es getan hätte, hätte dies seinen Ausdruck in höheren Bodenpreisen finden müssen. Durch die Verknappung des freien Bodens infolge der Erbhofgesetzgebung wäre dies auch geschehen, wenn die Wirtschaftspolitik dem nicht durch den Preisstop entgegengewirkt hätte. Der Bodenpreis, der seine Ursache ja in der Möglichkeit hat, aus dem Eigentum am Boden ein Einkommen, eben die Grundrente, zu ziehen, ist seit dem Beginn des Preisstops kein getreuer Ausdruck der Knappheit des Bodens und der Knappheitsverhältnisse zwischen den verschiedenen Bodengüten und Lagen mehr. Alle Verschiebungen in der örtlichen Bodennutzung, in der Brauchbarkeit bestimmter Parzellen für bestimmte Zwecke wegen ihrer Nähe zu nicht mehr bestehenden Verbrauchszentren, zerstörten Verkehrsanlagen oder Fabriken hätten in der Wirtschaftsrechnung über Grundrente und Bodenpreis ihren Ausdruck finden müssen, wenn diese Wegweiser für die Beurteilung der Knappheit der geeigneten Bodenarten und Lagen hätte sein sollen. Zu diesem Zweck müßte auch der ungeheure Bodenverlust im Osten mit gleichzeitiger Vertreibung seiner Bewohner nach Westen seinen Ausdruck in der Wirtschaftsrechnung finden. Die staatliche Wirtschaftslenkung ist hier notwendig, um die Folgen gar zu jäher Preissteigerungen der Bodenprodukte von den Beziehern niedriger Einkommen abzuhalten, aber sie muß die tatsächliche Anpassung der Produktionsverhältnisse an die neue Lage dann durch direkte Lenkungsmaßnahmen um so mehr beschleunigen und dann die Preise und Wertansätze dem langsam folgen lassen.[1] Ein dauerndes Verschleiern der Verhältnisse durch Stoppreise für Boden und Bodenerzeugnisse ohne Erzwingung der Produktionsumstellungen, die die Lage erfordert, kann dagegen die Verhältnisse nur immer mehr verschlimmern und trägt schon an der jetzigen Katastrophe viel Schuld, denn in den Jahren nach der Kapitulation hätte sich schon viel erreichen lassen. Daß die Grundstückspreise kein richtiger Ausdruck der Knappheit des Bodens waren — in Verbindung mit den Währungsverhältnissen — war die Ursache auch für die Tatsache, daß ein Bodenverkauf nur in Notfällen stattfand. Ein Preisstop für den Boden war, abgesehen von anderen Gründen, um so überflüssiger, als die Wertzuwachssteuer bei der Veräußerung von Grundstücken den Wertzuwachs erfaßt, der ohne Zutun des Eigentümers in der Zeit zwischen dem Erwerb und der Veräußerung des Grundstücks entstanden ist. Man kann der Ansicht sein, daß der Steuersatz von höchstens 25—30 % des Wertzuwachses zu niedrig sei, aber dann hätte man ihn erhöhen und hierbei dem Beispiel eines von den Bodenreformern ausgearbeiteten Gesetzentwurfes folgen können, der bis zu 80 % gehen wollte. Die laufende Grundrente wird durch die Grundsteuer erfaßt, da diese vom Einheitswert der Grundstücke berechnet wird, der mit steigender Grundrente steigt.[2]) Diese Besteuerung hätte bei der Grundrente dasselbe erreicht, was bei Lohn und Zins durch eine „Arbeitsverwendungsabgabe" bzw. „Kapitalverwendungsabgabe" erreicht werden sollte.

5. Die Warenpreise und Preise für Leistungen fremder Betriebe.

Von Beginn des Preisstops an waren auch zahlreiche, später wohl ausnahmslos alle Warenpreise und Preise für Leistungen fremder Betriebe kein richtiger Ausdruck mehr für die Knappheit der Waren und Leistungen im Verhältnis zu den **individuellen** Wertschätzungen der Nachfragenden. Im Gegensatz zu den Kostenfaktoren Zins, Lohn und Grundrente kann man aber bei den Preisen sehr wohl begründen, daß diese Abweichungen auf einer von den individuellen Wertschätzungen abweichenden gesellschaftlichen Wertschätzung der Güter und Lei-

[1]) Zur Überlegenheit der Wirtschaftslenkung bei der Anpassung an **große** volkswirtschaftliche Veränderungen vgl. Theodor Wessels Wettbewerbsprinzip und Nachkriegswirtschaft. Schr. d. Akademie f. Deutsches Recht. „Der Wettbewerb"; S. 214—5.

[2]) Carl v. Tyszka. Grundzüge d. Finanzwissenschaft. 2. Aufl. Jena 1923. S. 242 ff. Hans Mühling. Die Wertzuwachssteuer, Wirtsch. Kurzbriefe. Rud. Lorentz-Verlag, Berlin, Gruppe 1, Bl. 29, Lief. Nr. 33 v. 17. 8. 34.

stungen beruhte. Erfahrungsgemäß pflegen in der Hochkonjunktur die individuellen Wertschätzungen über das volkswirtschaftlich richtige Maß hinauszuschießen, worauf dann in Kürze ein Konjunkturumschwung eintritt und eine Wirtschaftskrise beginnt. Ein Preisstop kann deshalb u. U. eine Berichtigung der privaten Wertschätzungen darstellen, die volkswirtschaftlich durchaus notwendig sein kann. Die notwendige Anpassung an die Weiterentwicklung der wirtschaftlichen Verhältnisse war beim deutschen Preisstop im Genehmigungsverfahren möglich und wurde in vielen Fällen vorgenommen. Die Schädigung der Volkswirtschaft durch überhöhte Monopolpreise konnte durch die Genehmigungspflicht der Kartellpreise verhindert werden. Preissenkungen, die durch technische und organisatorische Verbesserungen möglich wurden, konnten durch behördliche Anordnung schon verweggenommen werden, und hiervon wurde in verschiedenen Fällen Gebrauch gemacht, (Düngemittelpreise, Volksempfänger, geplant auch beim Volkswagen), wodurch die in der freien Wirtschaft unvermeidliche **übermäßige** Entwicklung der begünstigten Wirtschaftszweige vermieden und eine im richtigen Rahmen bleibende Steigerung der Erzeugung schneller erreicht wurde.

Von Beginn des Preisstops an aber hätte dann die Kreditausweitung eingestellt werden müssen, deren Fortsetzung eine immer stärkere Inflationstendenz in die Wirtschaft hineinbrachte. Die Knappheit **sämtlicher** Waren im Verhältnis zur Knappheit des Geldes („spezifische Knappheit" im Sinne Preisers)[1] wurde dadurch immer größer, so daß die Preispolitik die Aufgabe übernehmen mußte, die offene Inflation zu verhüten, was ihr bis 1945 auch ziemlich gelungen ist. Dadurch konnte sie aber ihre eigentliche Aufgabe, für den Ausdruck der stets wechselnden Knappheit der verschiedenen Waren im Verhältnis zueinander in der Wirtschaftsrechnung zu sorgen, trotz des gut angelegten Preisrechts nicht mehr erfüllen. Die Folgen hat Eucken schon 1942 mit folgenden Worten zum Ausdruck gebracht:

> „Durch den Preisstop von 1936 wurden die Preise und damit auch die Preisrelationen festgehalten. Zwar traten durch Ausnahmebewilligungen und auf Grund des § 22 der Kriegswirtschaftsverordnung später noch Verschiebungen ein. Aber im großen und ganzen wurde das deutsche Preisgefüge und wurden die Preisrelationen fixiert. — In einer Volkswirtschaft, die sich nicht entwickelt, wäre eine solche Preisfesthaltung auch für längere Zeit durchführbar. Aber in Deutschland ist die Entwicklung sogar sehr stürmisch gewesen und ist es noch heute. Große Umstellungen haben stattgefunden und werden stattfinden, neue Verfahren und neue Werkstoffe wurden und werden eingeführt. Wir leben in einer stark dynamischen Wirtschaft. Die Preisrelationen, die bestehen, sind deshalb weitgehend überholt. Man denke etwa an die Preise der einzelnen Holzarten oder der einzelnen

[1]) Erich Preiser. Wettbewerbspreis und Kostenpreis. Schriften der Akademie für Deutsches Recht. Der Wettbewerb. S. 122—24.

Metalle oder der einzelnen Brennstoffe. Nirgends läßt sich aus den fixierten Preisen ersehen, welche Holzart oder welches Metall oder welcher Brennstoff unter den gewandelten Verwendungsbedingungen jeweils am knappsten ist und welche weniger knapp sind. Die Wirtschaftsführung tappt deshalb im Dunkeln. Sie kennt den wirklichen Wert der Produktionsmittel nicht mehr. In der Kostenrechnung kommt die faktische Knappheit der Produktionsmittel nicht mehr zum Ausdruck. Die Kosten, die in der Kalkulation ermittelt werden, sind „falsch". Weder die Zentralverwaltungsstellen noch die Unternehmer können feststellen, welche Verfahren die ökonomisch richtigen sind oder wo sich ökonomisch günstige Standorte befinden und wie überhaupt die vorhandenen Arbeitskräfte und sachlichen Produktionsmittel gelenkt werden müssen, um die Bedürfnisse möglichst gut zu befriedigen. Infolgedessen mißglückt die erforderliche Koordination der einzelnen Produktionszweige und Produktionsstufen aufeinander." [1])

Richtig, weil konjunkturpolitisch notwendig, war also der Preisstop; richtig war auch die Begrenzung der Einkommen, weil nur dadurch der Verbrauch begrenzt werden konnte; falsch aber war, daß die Rückwirkung beider Maßnahmen auf die Kostenrechnung nicht verhindert wurde, was durch eine Besteuerung der Verwendung der Produktionsfaktoren Boden, Kapital und Arbeit hätte geschehen können, und vor allem, daß die Kreditausweitung fortgesetzt würde.

Es bleibt nun aber noch die zweite Frage zu beantworten: entstanden außerhalb des Preisbildungsprozesses noch Kosten, die in einer volkswirtschaftlichen Kostenrechnung berücksichtigt werden müssen? Diese Frage ist zu bejahen, denn die Aufrechterhaltung der Stoppreise wurde an vielen Stellen nur durch **Subventionen** aller Art ermöglicht. Es sei nur an die bereits erwähnte Tarifpolitik der Eisenbahnen erinnert, die z. B. den Verbraucherpreis für Kohle weit unter den volkswirtschaftlich richtigen Betrag senkt. Diese Beträge sind anteilig den Preisen der verwendeten Waren hinzuzurechnen. Nicht gemeint sind hier die Subventionen, die gerade der speziellen Produktion zugutekommen, für die die Kostenrechnung angestellt wird; diese werden noch gesondert behandelt.

6. Der Unternehmergewinn.

Der Unternehmergewinn dient in der freien Marktwirtschaft der Erfolgskontrolle und der automatischen Gesamtsteuerung der Wirtschaft, weil die Unternehmer aus Erwerbsgründen diejenigen Erzeugungen ausdehnen, die den höchsten Gewinn abwerfen. Durch die Bewirtschaftungsmaßnahmen und den Preisstop wurde der Unternehmergewinn dieser Steuerfunktion weitgehend entkleidet. Außer dem Erzeugungsrisiko wurde dem Unternehmer auch ein großer Teil seiner Verantwortung abgenommen. Dementsprechend wurden auch die Unternehmergewinne sowohl durch das allgemeine Preisrecht wie durch die Sondervor-

---

1) Walter Eucken, Wettbewerb als Grundprinzip der Wirtschaftverfassung. Schriften der Akademie für Deutsches Recht. Der Wettbewerb. (Bd. 6) S. 32–3. Herausgegeben v. G. Schmölders.

schriften für behördliche Aufträge begrenzt. Ganz hat der Unternehmergewinn aber noch nicht aufgehört, die Richtung der Produktion zu bestimmen. Dies beweist z. B. die Fülle überflüssigster „kunstgewerblicher" Gegenstände, die bis zur Währungsreform in allen Geschäften angeboten wurden, obwohl das dafür verbrauchte Material besser für andere Zwecke verwendet worden wäre. Dieses große Angebot war dadurch verursacht, daß hierfür sehr hohe Preise erlaubt waren, so daß sich bei Herstellung überflüssiger, statt notwendiger Gegenstände mit demselben Material höhere Gewinne erzielen ließen. Aus demselben Grunde druckte ein Drucker auf die geringen Mengen Karton, die er auftreiben konnte, lieber bunte Postkarten als Karteikarten, obwohl die Karteikarten einen viel notwendigeren Zweck erfüllen. Eine geschickte Preispolitik hätte diese Tatsache ausnutzen können, indem sie für die notwendigsten Güter eher Preiserhöhungen zuließ, als für überflüssige.

Bei einem Vergleich zwischen sozialistischer und freier oder gelenkter Marktwirtschaft müßten wir den Unternehmergewinn als Kostenfaktor behandeln und den (erhöhten) Verwaltungskosten der sozialistischen Wirtschaft gegenüberstellen, worauf schon Lexis hingewiesen hatte. Vergleichen wir dagegen für eine gelenkte Volkswirtschaft von gegebener Organisation zwei verschiedene Beschaffungsweisen für dieselbe Ware, z. B. die Kosten der Eigenerzeugung und Kosten der Einfuhr, so müssen wir **unter der Voraussetzung gleicher Verbraucherpreise** den Unternehmergewinn in beiden Fällen unberücksichtigt lassen, weil ein höherer Unternehmergewinn in einem der verglichenen Fälle bei gleichem Verkaufspreis einen geringeren volkswirtschaftlichen Aufwand bedeutet. Dies gilt jedoch nur für den Überschuß des Unternehmergewinns über den Unternehmerlohn, der durch Vergleich mit dem Lohn oder Gehalt ermittelt wird, das eine bezahlte Kraft für dieselbe Arbeit erhalten würde; wir haben den Unternehmerlohn deshalb zum „Lohn" schlechthingerechnet. Es gilt auch nicht für den Unternehmergewinn, soweit er der Deckung der eigentlichen Unternehmungsgefahr dient, die vom Kapitalrisiko und den Einzelrisiken unterschieden werden kann, und darin besteht, daß das Unternehmen aus der allgemeinen wirtschaftlichen Entwicklung heraus in einzelnen Jahren auch mit Verlust abschließen kann. Hierfür muß in eine volkswirtschaftliche Kostenrechnung ein Posten eingesetzt werden, der bei der Einfuhr meist höher sein wird als bei der Inlandserzeugung, weil dort die Gesamtheit der mitwirkenden Kräfte viel schwerer zu übersehen ist.

7. Steuern, Zölle und Ausfuhrförderungsabgaben.

Was oben in dem Abschnitt über die freie Marktwirtschaft über die Steuern gesagt worden ist, gilt ebenso in der gelenkten Wirtschaft. Die Steuern sind also in einer volkswirtschaftlichen Kostenrechnung nicht als Kosten mit einzusetzen. Die Zölle haben wir dort nicht erwähnt, weil zu den Prinzipien der freien Marktwirtschaft die zollfreie Einfuhr der Waren aus dem Ausland gehört, aber für die Zölle des eigenen Staates gilt dasselbe wie für die Steuern. Wenn also irgendwelche Waren durch Einfuhr, statt durch Eigenerzeugung beschafft werden müssen die Zölle des eigenen Landes in der volkswirtschaftlichen Kostenrechnung ebenfalls außer Ansatz bleiben. Dies ist z. B. auch bei den Kosten der aus dem Ausland bezogenen Fertigungsstoffe zu beachten. Die Ausfuhrförderungsabgaben — Punkt 14 in der Aufzählung der Reichsgruppe Industrie — waren zwar im betriebswirtschaftlichen Sinne Kosten der betreffenden inländischen Erzeugung, aus deren Ertrag sie gezahlt werden sollten, sie dienten jedoch der Finanzierung der Ausfuhrförderung und stellten somit deren Kosten dar. Da wir nur ausführten, um wieder andere Waren einführen zu können, waren sie mittelbar zu den Kosten der Einfuhr zu rechnen, und zwar zu deren volkswirtschaftlichen Gemeinkosten.

8. Volkswirtschaftliche Sonder- und Gemeinkosten.

Volkswirtschaftliche Sonderkosten.

Um die wahren volkswirtschaftlichen Kosten der Erzeugung einer Ware zu ermitteln, müssen zu den durch die betriebswirtschaftliche Kalkulation ermittelten Kosten diejenigen hinzugerechnet werden, die die Volkswirtschaft ohne eine Gegenleistung durch den Unternehmer aufbringt, um diese Erzeugung zu ermöglichen. Solche Kosten entstehen durch die verschiedensten protektionistischen Maßnahmen und speziellen Subventionen: Bau besonderer Land- und Wasserstraßen, Eisenbahnlinien bzw. Anschlüsse, Hochspannungsleitungen, Tarifermäßigungen der öffentlichen Verkehrsmittel, Steuernachlässe, besondere Ausbildungseinrichtungen, staatliche Werbung im Rahmen der allgemeinen Verbrauchslenkung, Bevorzugung bei Behördenaufträgen trotz höherer Preise usw. Soweit solche Kosten von der öffentlichen Hand besonders für diese bestimmte Erzeugung aufgewendet werden, um sie im Inland zu ermöglichen, gehen sie in die volkswirtschaftlichen Grenzkosten ein.

Volkswirtschaftliche Gemeinkosten.

Ein großer Teil der öffentlichen Aufwendungen dagegen läßt sich auch bei genauer Untersuchung keiner bestimmten Erzeugung zurechnen. Diese **volkswirtschaftlichen Gemeinkosten** müssen zwar bei Berechnung der volkswirtschaftlichen Gesamtkosten der Erzeugung mit einem nach wirtschaftlichen Gesichtspunkten berechneten Zuschlag berücksichtigt werden, nicht aber bei den volkswirtschaftlichen Grenzkosten. Hierher gehören die Kosten der allgemeinen Verwaltung, soweit sie auch dann entstehen würden, wenn sich die betreffenden Arbeitskräfte einer beliebigen anderen Erzeugung zuwenden würden, soweit diejenigen sonstigen öffentlichen Ausgaben, die unabhängig von der Art der gewählten Erzeugung entstehen.

F. Volkswirtschaftliche Kostenrechnung bei indirekter Wirtschaftslenkung

1. Beschreibung des Wirtschaftssystems der indirekten Wirtschaftslenkung.

Bisher haben wir die volkswirtschaftliche Kostenrechnung in den Wirtschaftssystemen der freien Marktwirtschaft, der sozialistischen Wirtschaft und der staatlich gelenkten Wirtschaft dargestellt. Es bleibt nun nur noch das System der indirekt gelenkten Wirtschaft, dem wir uns nun zuwenden wollen. Da wir es in Deutschland noch nicht bewußt erprobt haben, empfiehlt es sich, eine kurze Beschreibung und Darstellung seiner Vorzüge bzw. seines Sinnes voranzuschicken.

Von der freien Marktwirtschaft unterscheidet es sich dadurch, daß der Staat in den Wirtschaftsablauf eingreift und Wirtschaftspläne aufstellt, die das Ziel angeben, auf das die Wirtschaft hingelenkt werden soll. Dies hat die indirekt gelenkte Wirtschaft mit der direkt gelenkten und der sozialistischen Wirtschaft gemeinsam. Diese Pläne sind nicht allgemeiner Natur, indem sie etwa nur besagen, daß dieser oder jener Wirtschaftszweig vom Staat irgendwie gefördert werden soll, sondern sie sind in Zahlen ausgedrückt ein großes Rechenwerk ähnlich wie die Fünfjahrespläne der Sowjetunion. Im Idealfalle besteht ein Weltwirtschaftsplan, in seinem Rahmen nationale Wirtschaftspläne und in diesen wieder Wirtschaftspläne der Einzelunternehmungen und der Einzelpersonen. Es wird in diesem System eine Synthese der selbständigen Wirtschaftspläne, also des Gesamtwirtschaftsplanes der Gesellschaft und der Wirtschaftspläne der kleineren sozialen Gebilde und der einzelnen Wirtschaftssubjekte in der Weise gesucht, daß jeweils der Gesamtwirtschaftsplan des größeren Gebildes den Rahmen abgibt, innerhalb dessen die darin enthaltenen kleineren Gebilde oder Einzelpersonen ihre Pläne fassen können. Die Zahlen der Wirtschaftspläne überindividueller Art sind nicht eine eindeutig bestimmte Ziffer, sondern geben eine Höchst- und eine Mindestziffer an, zwischen denen sich die Entwicklung halten soll. Der Rahmen wird durch das richtig verstandene Gemeinwohl abgegeben, schließt objektiv unvernünftige Einzelpläne aus und fördert solche Einzelpläne, die von dem größeren Überblick aus, der der Staatsführung möglich ist, in einer Richtung liegen, die auch von dem Marktgeschehen erzwungen werden würde, aber langsamer und mit größeren Opfern, als es durch die staatliche Lenkung der Wirtschaft möglich ist. Die Synthese der Pläne würde zugleich möglicherweise die Synthese der gesellschaftlichen mit den privaten Nutzenschätzungen bedeuten. Um diesen Idealtyp richtig zu verstehen, muß man allerdings wissen, daß und in welchem Umfang allem Lebendigen Synthesen von Prinzipien eigen sind, die **logisch** einander widersprechen. Dem Praktiker machen diese Fälle allgemein sehr viel weniger Schwierigkeiten als dem Theoretiker, der häufig meint, sich für eines der einander logisch widersprechenden Extreme entscheiden zu müssen, statt beide an dem ihnen zustehenden Platz gelten zu lassen. Die indirekte Wirtschaftslenkung kann als Beispiel für die vielen Wirtschaftssysteme gelten, die zwischen der reinen Zentralverwaltungswirtschaft und der reinen Verkehrswirtschaft im Sinne Euckens möglich sind.

Von der direkt gelenkten Wirtschaft unterscheidet sich die indirekt geleitete durch die Wahl und Beschränkung der **Mittel der Wirtschaftslenkung.** Indirekte Wirtschaftslenkung heißt Lenkung über Zahlen der Wirtschaftsrechnung des untergeordneten Wirtschaftssubjekts. Während die direkte Wirtschaftslenkung ebenso wie die Wirtschaftsführung in der reinen Zentralverwaltungswirtschaft mit Geboten und Verboten arbeitet, unmittelbar von oben bestimmt, was und wieviel im einzelnen Betrieb erzeugt werden soll, wo der einzelne Mensch arbeiten und welche Tätigkeit er ausüben soll, bedient sich die indirekte Wirtschaftslenkung ausschließlich der Mittel der Währungspolitik, Kreditpolitik, Steuerdifferenzierung und der Subventionen. Es gibt hier keine Zuteilung von Verbrauchsgütern an die einzelnen Verbraucher oder von Rohstoffen, Energie und Arbeitskräften an die einzelnen Betriebe, sondern freie Wahl des Berufes und des Arbeitsplatzes, freie Konsumwahl und freie Entscheidung des Unternehmers über sein Erzeugungsprogramm. Aber wer so handelt wie es dem überindividuellen Wirtschaftsplan entspricht, wird durch Subventionen belohnt und wer anders handelt, automatisch durch entsprechend formulierte Steuergesetze bestraft. Auch die Zölle an den Staatsgrenzen gehören natürlich zu den Mitteln der indirekten Wirtschaftslenkung, ja sie sind ihr klassisches Beispiel, denn sie sind diejenige der indirekten Lenkungsmethoden, die am frühesten und gründlichsten ausgebaut, praktisch erprobt und theoretisch untersucht worden ist. Bei den Steuern wird besonders eine Differenzierung der Umsatzsteuer empfohlen, weil bei ihr am ehesten eine Differenzierung nach Warenarten und damit nach Wirtschaftszweigen möglich ist; bei den Subventionen aller Art sind auch staatliche Kreditgewährungen hervorzuheben, sie leiten zur Währungspolitik über, da diese sich der Kreditgewährung bzw. der Kreditrestriktion durch die Zentralnotenbank, der Diskontpolitik u. dgl. bedient. Auf der Grenze zwischen direkter und indirekter Wirtschaftslenkung liegen staatliche Preis- und Zinsgesetzgebung, da sie sich zwar der Einflußnahme auf die privaten Wirtschaftsrechnungen bedienen, aber die Freiheit der wirtschaftlichen Entscheidungen auf den unteren Stufen erheblich einschränken.[1])

Das Verfahren der indirekten Wirtschaftslenkung ist — wie schon die bisherigen Erörterungen gezeigt haben — keineswegs neu. Es ist aber in den letzten Jahren in den angelsächsischen Ländern zu größerer Voll-

1) Vgl. die ähnliche Abgrenzung von direkter und indirekter Wirtschaftslenkung bei Erich Preiser. Wettbewerbspreis und Kostenpreis. Schriften der Akademie für Deutsches Recht. Der Wettbewerb. Hg. von Günther Schmölders. Berlin 1942. S. 125. Ferner Erich Preiser. Wesen und Methoden der Wirtschaftslenkung. Finanzarchiv. 8, 2 (1941), S. 225 ff.

kommenheit entwickelt worden. Wir geben eine eindrucksvolle Schilderung durch die Amerikanerin Margaret Mead wieder [1]):

„Wenn wir auf eine Welt hinarbeiten wollen, in der die Führer nicht das Ziel zerstören, für das sie arbeiten, dann müssen wir hinarbeiten auf **Vorgänge und nicht auf bestimmte Personen oder bestimmte Gruppen** [2]). Wir müssen Umstände schaffen, unter denen jeder beliebige Mensch nach seinem eigenen freien Willen handeln kann. Nehmen wir beispielsweise an, daß die Regierung eine Vervierfachung der Soyabohnenernte im Jahre 1943 für nötig hält. Beim totalitären System würden einzelne Bauern, vielleicht jeder einzelne Bauer aus einem zum Anbau von Soyabohnen geeigneten Gebiete gezwungen — unter Drohung von Geld-, Gefängnis- oder Todesstrafe — soundsoviele Morgen Soyabohnen anzubauen. Demokratische Art wäre es, den Anbau der Soyabohne vorteilhaft zu machen: durch erhöhte Preise für Soyabohnen, durch Steuervergünstigungen, Unterstützungen in der Landwirtschaft oder günstigere Kredite. Kein Landwirt würde gezwungen, Soyabohnen anzupflanzen, aber unter diesen Umständen würde es eine große Anzahl tun. Jeder hätte dabei das Gefühl, daß er sich selbst entscheiden, daß er eine gute Gelegenheit wahrnehmen könnte, nicht, daß er als einzelner herumgeschubst würde. Und die Männer im Landwirtschaftsministerium, die die Pläne ausarbeiten, würden nicht das Gefühl haben, daß sie den einzelnen zu Aktionen zwingen, von denen er nichts wissen will." „Bei dem demokratischen Verfahren können wir . . . mit Belohnung wie auch mit Bestrafung arbeiten, aber wir belohnen oder bestrafen bestimmte Handlungsweisen, die von einem unbestimmten Personenkreis begangen werden. Der Verwalter ist niemals damit belastet, bestimmte Menschen zwangsweise seinem Plane unterzuordnen."

Die indirekte Wirtschaftslenkung scheint die einzige Möglichkeit zu sein, Freiheit, soziale Gerechtigkeit und Wirtschaftsfrieden zugleich zu verwirklichen, dies ist auch der Sinn dieses Systems. Auf die überragende Bedeutung des Zwanges im System der direkten Wirtschaftslenkung hat — wie wir wissen — Eucken besonders deutlich hingewiesen. Jedoch ist alle menschliche Willensfreiheit durch mechanische Abläufe innerhalb und außerhalb des Menschen begrenzt. Absolute Freiheit ist keinem Menschen möglich, sie ist auch stets begrenzt durch die Rechte der anderen. Wirkliche Willensfreiheit gibt es nur, soweit die Wirkung der autonomen Bewußtseinsenergie reicht, von der jedoch die wenigsten Menschen überhaupt irgendeinen Gebrauch machen. Diese Tatsachen macht sich im System der indirekten Wirtschaftslenkung die Staatsführung zunutze. Sie läßt den einzelnen Staatsbürger das tun, was er will, so meint er frei zu sein, aber sie beeinflußt seinen Willen selbst, sie setzt Ursachen, die den Inhalt des von den Staats-

---

1) Margaret Mead. . . . Und haltet euer Pulver trocken! München 1947, S. 194—96.

2) Margaret Mead. The Comparative Study of Culture and the Purpositive Cultivation of Democratic Values. In: Science, Philosophy and Religion, Second Symposium. Published by the Conferenze on Science, Philosophy and Religion, New York.
Bateson, G.: Problems of Applied Science and Manipulation. Paper read at First General Meeting of the Society for Applied Anthropology, Harvard University.

bürgern Gewollten auf Grund der bestehenden psychologischen Gesetzmäßigkeiten in die gewünschte Richtung lenken. Es besteht dann zwar keine absolute Gewißheit, daß das Gewünschte geschieht, weil ein Teil der Menschen wirklich von ihrer Willensfreiheit Gebrauch machen und etwas anderes tun könnte, aber es besteht eine für praktische Zwecke ausreichende Wahrscheinlichkeit, daß die Menschen die erwünschten Handlungen vollbringen.

Andererseits soll die staatliche Wirtschaftsplanung die soziale Gerechtigkeit in besserer Weise verwirklichen, als dies in einer völlig sich selbst überlassenen freien Marktwirtschaft geschehen würde. Insbesonsondere würde ein Weltwirtschaftsplan, der von einer unparteiischen übergeordneten Instanz, etwa einem Weltparlament und einer Weltregierung beschlossen würde, die nationale Ausbeutung verhindern, die in jedem anderen System möglich ist, das aus einem anarchischen Gegeneinander mächtiger und ohnmächtiger Staaten und Völker besteht. Der Wirtschaftsplan oder besser die ineinander geschachtelten überindividuellen Wirtschaftspläne sollen überall die Vollbeschäftigung und den Mindestunterhalt aller Anständigen sicherstellen, ein Ziel, das wie wir nachgewiesen haben, in einer bewegten Wirtschaft nicht erreicht werden kann, wenn sie völlig dem Bilde der freien Marktwirtschaft entspricht.

2. Bedingungen richtiger volkswirtschaftlicher Kostenrechnung in diesem System.

Wir wollen uns nun den einzelnen Problemen der Wirtschaftsrechnung in der Reihenfolge zuwenden, in der sie uns in den vorhergehenden Kapiteln begegnet sind, und sehen wie es damit bei indirekter Wirtschaftslenkung steht.

Durch entsprechende Gesetze und Verwaltungsakte kann hier verhindert werden, daß die psychologischen Möglichkeiten der Reklame zum Nachteil der Verbraucher ausgenutzt werden, entweder durch Beschränkungen der Reklamemöglichkeiten selbst (beispielsweise Verbot der Zeitungsanzeige zur Werbung für Zigaretten und andere Kulturgifte) oder durch Handelsbeschränkungen und Steuern auf derartige Wirtschaftszweige und ihre Erzeugnisse.

Im Gegensatz zur reinen Verkehrswirtschaft brauchen hier weniger kaufkräftige Wettbewerber bei zu geringem Angebot an lebensnotwendigen Gütern nicht einfach ausgeschlossen zu werden, sondern aus Gründen der Gerechtigkeit und des Gemeinwohls können Maßnahmen getroffen werden, damit auch diese ihren Anteil kaufen können, beispielsweise durch Zahlung von Subventionen an die minderbemittelten Verbraucher (Fettverbilligung in Deutschland vor Beginn des Zuteilungssystems). Die Wirtschaftsrechnung wird dadurch nicht so sehr verfälscht wie durch ein System des Preisstops und der Zuteilung, weil die freie Preisbildung unangetastet bleibt, aber die Subventionen vergrößern die kaufkräftige Nachfrage und helfen mit, die Preise weiter in die Höhe zu treiben, daher ist dieses Verfahren nur bis zu einer gewissen Grenze anwendbar und ist auch bei Verschärfung des Mangels noch stets vom Zuteilungssystem abgelöst worden.

Die Ungleichheit der Konsumeinkommen, die den Hauptanreiz zur wirtschaftlichen Leistungssteigerung darstellt, wird in diesem System beibehalten, aber sie kann durch Steuerprogression und andere Mittel, z. B. die Tarifpolitik der öffentlichen Verkehrsmittel, so weit gemildert werden, daß auch die Bezieher geringeren Einkommens noch die notwendigsten knappen Gegenstände kaufen können, mit anderen Worten: daß das Sozialprodukt das Optimum seines Gesamtnutzens in der Volkswirtschaft erreicht.

Bei den Mitteln der Wirtschaftspolitik, die kennzeichnend für das System der gelenkten Marktwirtschaft sind, hatten wir auch die **Währungspolitik** erwähnt. Durch Geldschöpfung und öffentliche Ausgaben kann man die Überwindung einer Krise und einer damit verbundenen Arbeitslosigkeit erreichen, andererseits durch Geldvernichtung einem unerwünschten Preisauftrieb entgegenwirken, was wieder aus Gründen des Arbeitsfriedens oder des Außenhandels erwünscht sein kann. Aber vom Gesichtspunkt der volkswirtschaftlichen Kostenrechnung aus ist jede Währungspolitik unerwünscht, die nicht auf eine völlige Stabilität des Geldwertes hinwirkt. Sobald der Geldwert durch irgendwelche Währungsmanipulationen in Bewegung gerät, hört alles genaue Rechnen auf. Durch Verminderung des Geldwertes, der mit der Geldschöpfung einhergeht, und Steigerung des Preisniveaus entstehen aus den uns bekannten Bewertungsbestimmungen des Handels- und Steuerrechts Scheingewinne und umgekehrt durch deflationistische Maßnahmen Scheinverluste, die die Erfolgsrechnung der Unternehmer verfälschen. Läßt man andererseits gesetzlich eine andere Bewertung zu und gestattet man dem Kaufmann, seine Verträge so anzupassen, daß sich Leistung und Gegenleistung durch Berücksichtigung der Geldwertänderungen ausgleichen, so wird wieder die Währungspolitik unwirksam, denn ihre Wirkung beruht gerade auf den Scheingewinnen oder Scheinverlusten, die sie hervorruft. Immerhin wird es möglich sein, bei der Aufstellung volkswirtschaftlicher Kostenrechnungen Zahlen verschiedener Zeitpunkte durch den Generalindex zu berichtigen und damit die Geldwertschwankungen zu berücksichtigen. Alle Einzelposten und alle Vergleichszahlen müssen auf den Preisstand desselben Tages umgerechnet werden, um ein richtiges Bild zu erhalten.

Wenn bei wachsender Bevölkerungszahl infolge eines Geburtenüberschusses, infolge von Einwanderung oder Bevölkerungsverschiebungen wie wir sie jetzt durch die Vertreibung der Ostdeutschen aus ihrer Heimat erlebt haben und durch die Flucht vieler Tausender aus der Ostzone noch immer erleben, ein Ausgleich von Angebot und Nachfrage nach Arbeitskräften nicht von selbst eintritt, kann der Staat durch Lenkungsmaßnahmen eingreifen. Hierdurch braucht die volkswirtschaftliche Kostenrechnung nicht verfälscht zu werden, sondern im Gegenteil können diese Maßnahmen darin bestehen, die Rechnung der Unternehmer an die volkswirtschaftliche Kostenrechnung anzupassen. Es kommt darauf an, die Nachfrage nach Arbeitskräften dem verstärkten Angebot anzupassen. Dies kann durch alle möglichen Erleichterungen bei der Neuerrichtung oder Erweiterung von Betrieben geschehen. Es muß dabei nur darauf geachtet werden, daß sich alle Wirtschaftszweige im richtigen Verhältnis weiterentwickeln. Der Staat kann dem Unternehmer, der zusätzlich Arbeitskräfte einstellt, einen Lohnzuschuß bis zur Höhe der fixen volkswirtschaftlichen Kosten der Arbeit zahlen oder er kann selbst Kapital zur Verfügung stellen oder neue Betriebe errichten, besonders in Industriezweigen, deren Entwicklung auf neuen Erfindungen beruht und erst am Anfang steht. Er kann durch Erhebung von Steuern oder Zwangsanleihen den Ausgleich zwischen Sparen und Investition in der Volkswirtschaft auf dem Niveau herbeiführen, bei dem die Wirtschaft vollbeschäftigt ist, indem er selbst die Steuer- oder Anleihegelder investiert, sei es in eigener Regie, sei es durch Vermittlung von Unternehmern. Es ist freilich durchaus nicht gleichgültig, wofür die staatlichen Gelder ausgegeben werden. Z. B. können Rüstungsausgaben nur eine kurze Scheinkonjunktur auslösen, der ein um so tieferer Zusammenbruch folgen muß, weil ihnen keine Einnahmen gegenüberstehen. Die staatlichen Gelder müssen in Projekte investiert werden, die sich selbst bezahlt machen, aber von privaten Unternehmern nicht in Angriff genommen werden, weil entweder der Kapitalbedarf zu groß ist oder weil sie innerhalb der geltenden Rechtsordnung wohl einen volkswirtschaftlichen, aber keinen privatwirtschaftlichen Erfolg abwerfen. Als Beispiele, die nur die Möglichkeit derartiger Umstände dartun sollen, seien genannt: Forschungsarbeiten auf theoretischem Gebiet (Grundlagenforschung), die sich nicht unmittelbar durch Erfindungen bezahlt machen, aber die Wissenschaft auf vielen Gebieten befruchten und solche Erfindungen an anderer Stelle in der Volkswirtschaft ermöglichen; Finanzierung von Erfindungen, die dem Unternehmer noch Verlust bringen, aber unter Berücksichtigung des Vorteils der Verbraucher doch schon volkswirtschaftlich vorteilhaft sind; Bau von Straßen, bei denen der Vorteil ja den Benutzern zugute kommt, ohne daß sie gerade für die Benutzung dieser Straße etwas zu bezahlen brauchen; Bau und Unterhaltung von Fachschulen und Universitäten und freies Lernen für alle Begabten, eine Maßnahme, die sich später durch höhere Leistungen, höheres Einkommen und höhere Steuerzahlung der Geförderten bezahlt macht usw.

Daß das Tempo des technischen Fortschritts nur durch staatlichen Eingriff richtig gelenkt werden kann, haben wir schon dargelegt. Solche Eingriffe, die durch Anordnung eines Ausgleichs zwischen den Eigentümern der neuen und der veraltenden Betriebe durchgeführt werden, stellen die Übereinstimmung zwischen volkswirtschaftlicher und betriebswirtschaftlicher Kostenrechnung auf diesem Gebiete erst her, während beide Rechenweisen in der freien Marktwirtschaft auseinandergehen. Man kann versuchen, die Rechtsordnung in jeder Beziehung so zu gestalten, daß derjenige die Kosten trägt, der sie verursacht, gleichgültig an welcher Stelle in der Volkswirtschaft sie entstehen.

Daß **Steuer- und Zolldifferenzierungen** die volkswirtschaftliche Kostenrechnung nicht verfälschen können, ergibt sich daraus, daß die volkswirtschaftlichen Kosten bei Steuerfreiheit der eigenen und Zollfreiheit der ausländischen Erzeugung den Berechnungen zu Grunde gelegt werden. Schwierigkeiten kann nur die Berechnung der indirekten Steuer- und Zollbelastung machen, die in den Preisen der Vorprodukte steckt, aber auch diese ist grundsätzlich möglich. Darum liegen hier gute Möglichkeiten zur indirekten Wirtschaftslenkung und diese Verfahren sind der Beeinflussung der Wirtschaft durch eine aktive Währungspolitik vorzuziehen.

Überhöhte Monopolpreise zur Erzielung von höheren Gewinnen auf Kosten der Gemeinschaft können durch eine entsprechende Spezialgesetzgebung verhindert werden. Die Strafbarkeit der Warenzurückhaltung nach dem Preistreibereigesetz des Wirtschaftsrats und die Entflechtungsbestimmungen der Militärgesetzgebung sind Ansatzpunkte. Ihre Zweckmäßigkeit soll hier nicht im Einzelnen diskutiert werden. Die Gesetzgebung muß verhindern, daß dort, wo nach Lage der Dinge sich Marktformen mit beschränkter Konkurrenz nicht vermeiden lassen, die Vernichtung nützlicher Güter und übermäßige Einschränkung der Produktion Platz greifen. Nur wenn dies gelingt, ist eine volkswirtschaftlich richtige Kostenrechnung auf den nachfolgenden Stufen möglich.

Die Schwierigkeiten der Wirtschaftsrechnung in der reinen Zentralverwaltungswirtschaft treten in der indirekt gelenkten Wirtschaft nicht auf, weil das Privateigentum an den Produktionsmitteln und die freie Marktpreisbildung für Konsum- und Produktivgüter erhalten bleibt. Es fragt sich, ob in diesem Wirtschaftssystem die Ausbeutung der besitzlosen durch die besitzenden Klassen und die automatische Entstehung arbeitslosen Einkommens verhindert werden kann. Diese Angelegenheit ausführlich aufzuklären, dürfte wohl allein einen dicken Band füllen. Hier sei nur auf einen Vorschlag Adolf Webers hingewiesen, der dazu dienen würde, bei Beibehaltung der Ausschaltung übermäßigen arbeitslosen Einkommens der Kapitalbesitzer doch eine Kapitalrechnung mit volkswirtschaftlich richtigen Ziffern zu ermöglichen. Der Zins, den Darlehnsnehmer an Darlehnsgeber zahlen dürfen, soll weiter auf etwa 4% herabgedrückt bleiben, aber es soll daneben eine **„Kapitalverwendungsabgabe"** vom Staat erhoben werden, um damit die kostbaren noch vorhandenen Kapitalgüter in die ertragreichsten Verwendungen zu lenken.[1]) Die Durchführung dieses Vorschlages wäre ein Fortschritt gegenüber dem bisherigen Zustand, aber auch dadurch würde der jetzt fehlende Anreiz zur Aufschiebung des Konsums nicht geschaffen, den der Zins bilden soll. Zins und Kapitalverwendungsabgabe würden zwar eine bessere Auslese zwischen den verschiedenen Investitionsmöglichkeiten ohne

---

1) Adolf Weber. Übergangswirtschaft. S. 58 f, 75, 129

direkte Investitionslenkung veranlassen als ein künstlich herabgesetzter Zins allein, aber es fehlte weiterhin die Regelung des Verhältnisses zwischen Verbrauch und Investitionen. Allerdings könnte das Aufkommen an Kapitalverwendungsabgabe selbst zur Kapitalbildung verwendet werden, aber es ist fraglich, ob dies geschehen würde. — Eine andere Möglichkeit bestände darin, an sich jede vereinbarte Zinshöhe zuzulassen, die Zinsen aber nur auf Sperrkonten zahlen zu lassen, von denen dem Inhaber des Kontos nur in Notfällen und im Alter Beträge freigegeben werden, die zum Unterhalt für ihn und seine Familie ausreichen. Dann würde das arbeitslose Einkommen zwar nicht beseitigt sein, aber es flösse dem Darlehnsgeber nicht mehr automatisch zu, sondern erst auf Grund eines Notstandes und eines Verwaltungsaktes ähnlich wie eine Arbeitslosenunterstützung oder eine Altersrente. — Ein großer Teil der Ungerechtigkeiten der kapitalistischen Wirtschaft kann im System der indirekt gelenkten Wirtschaft auch durch eine hohe Erbschaftssteuer beseitigt werden, denn als besonders ungerecht werden die Vorteile aus ererbtem Reichtum empfunden. Was verbittert, ist weniger das arbeitslose Zinseinkommen aus eigenen erarbeiteten Ersparnissen, als das Zinseinkommen aus ererbtem Vermögen. Eine hohe Erbschaftssteuer nivelliert die Vermögen in jeder Generation von neuem, läßt aber die Differenzierung der Konsumeinkommen als Leistungsantrieb bestehen, ja verstärkt noch die Tendenz zum Leistungsantrieb, weil sie eine Möglichkeit beseitigt, aus anderer Quelle zu hohem Einkommen zu gelangen. Dabei dürfte eine nicht zu niedrige Freigrenze volkswirtschaftlich erwünscht sein, weil andererseits der Wunsch, den Kindern eine gewisse Zukunftssicherung zu hinterlassen, ein starker Leistungsantrieb ist. Diese Gesichtspunkte sind in unserem Erbschaftssteuerrecht schon ziemlich weitgehend berücksichtigt, man könnte vom sozialistischen Standpunkt aus nur möglicherweise bei den nicht befreiten Erbschaften noch höhere Steuersätze wünschen. —

Zusammenfassend können wir wohl behaupten, daß das System der indirekten Wirtschaftslenkung eine ganze Reihe von Möglichkeiten zur Beseitigung der sozialen Ungerechtigkeiten des Kapitalismus bietet, ohne daß durch diese bei zweckmäßiger Auswahl die Grundlagen der Wirtschaftsrechnung zerstört zu werden brauchen.

Die staatliche Festsetzung der Höhe von Preisen, Zinsen und Löhnen liegen wie schon gesagt auf der Grenze zwischen direkter und indirekter Wirtschaftslenkung. Die Preisregulierung selbst als Lenkungsmaßnahme beeinflußt die private Wirtschaftsrechnung, aber staatliche Preise, die unter den Gleichgewichtspreisen liegen, führen zu einem schnellen Ausverkauf der Lager oder zum Verschwinden der Waren aus dem offiziellen Handel in unkontrollierbare Kanäle; darum muß jede Preisregulierung durch eine straffe Rationierung überwacht werden, um wirksam zu sein. Eine Staatsführung, der an der Erhaltung der wirtschaftlichen Freiheit der Verbraucher und der Unternehmer gelegen ist, wird also auf Preis- und dementsprechend auch auf Lohn- und Zinsfestsetzungen verzichten müssen.

Es bleibt nur noch die Frage der **Subventionen** zu besprechen. Offene Subventionen und versteckte oder indirekte Subventionen müssen hierbei unterschieden werden. Jede Subvention führt zu einer Abweichung zwischen betriebswirtschaftlicher und volkswirtschaftlicher Kostenrechnung, soweit sie nicht gerade gegeben wird, um einen schon bestehenden derartigen Unterschied auszugleichen. Bei den offenen Subventionen aber erscheint in der Haushaltsrechnung des Gebers der Subvention ihr Betrag ebenso deutlich wie in der Betriebsrechnung des Unternehmers, was bei der indirekten Subventionierung nicht der Fall ist. Deshalb sind offene Subventionen als Lenkungsmittel vom Standpunkt einer klaren Wirtschaftsrechnung aus in jedem Falle vorzuziehen.[1]

[1] Näheres über Subventionen vgl. bei Friedrich P. Siegert. Die Subventionen der Weltschiffahrt und ihre sozialökonomischen Wirkungen, Berlin 1930, und die dort angegebene Literatur.

G. Schluß: Grenzen der Wirtschaftsrechnung

Wie wir oben schon dargelegt haben, ist es die Aufgabe der Wirtschaftspolitik, den Gesamtnutzen des Sozialprodukts für alle einzelnen Staatsbürger zu einem Optimum zu machen. Die Richtigkeit dieser Behauptung ist entscheidend für die Frage, wieweit die Ergebnisse selbst einer richtigen volkswirtschaftlichen Rechnung für die Wirtschaftspolitik bestimmend sein dürfen. Sie hängt davon ab, ob Nutzen, Grenznutzen und Gesamtnutzen **Wirklichkeit** sind oder — wie **v. Stackelberg** behauptet — **Fiktionen,**[1]) die eines objektiven Charakters entbehren. Diese Ansicht begründet v. Stackelberg damit, man könne Nutzen und Grenznutzen nicht eindeutig definieren. Sie dürfte mit seiner Vorliebe für die Mathematik zusammenhängen, die ihm alles das unwirklich erscheinen läßt, was nicht in Zahlen ausdrückbar ist. Wäre dies so, dann allerdings wäre das Ergebnis der Wirtschaftsrechnung allein entscheidend für eine richtige Wirtschaftspolitik. Tatsächlich aber liegen die Dinge ganz wesentlich anders. Am leichtesten in Zahlen ausdrückbar ist das, was man im wörtlichen Sinne messen kann. Meßbar ist nur das, was eine räumliche Ausdehnung hat, also alle materiellen Energieerscheinungen, denn alle physikalischen Meßgeräte beruhen auf einer Umwandlung der verschiedenen Energiearten in Bewegungsenergie und der räumlichen Messung des Ausschlages des Meßinstruments. Immaterielle Energieerscheinungen dagegen sind nicht meßbar, weil sie nicht in Bewegungsenergie umgewandelt werden können. Hierher gehören alle seelischen Vorgänge, ob es sich nun um Erkenntnisvorgänge oder Werterlebnisse von der Entstehung des Bedürfnisses über die Planfassung und Mittelwahl bis zur Konsumtion des fertigen Mittels und der dadurch erzielten Bedürfnisbefriedigung handelt. Alle diese seelischen Vorgänge sind nicht meßbar, obwohl sie sich nicht nur durch ihre Qualität, sondern auch durch ihre jeweilige Energiestärke (Spontaneität) voneinander unterscheiden, weil eine Umwandlung solcher immaterieller Energieerscheinungen in materielle Bewegungsenergie nicht möglich ist. Das hindert aber nicht, daß es sich hierbei um Wirklichkeiten handelt, über die objektive Urteile möglich sind, weil sie sich bei allen Menschen in vergleichbarer Weise abspielen.[2]) Die Begriffe des Nutzens und Grenznutzens der Wirtschaftstheorie sind nur Sonderfälle der Spontaneität seelischer Erscheinungen und darum Wirklichkeiten, die aber wegen ihrer immateriellen Natur nicht meßbar sind. Wohl aber ist es möglich, die verschiedene Spontaneität mehrerer Bedürfnisbefriedigungen zu vergleichen und gegeneinander abzuschätzen. **Nutzen ist die Spontaneität des Erlebnisses bei der Befriedigung eines Bedürfnisses mit wirtschaftlichen Mitteln.** Man kann den Nutzen eines Gutes zwar nicht messen, wohl aber abschätzen. Ich kann ein objektiv gültiges Urteil darüber, ob der Gesamtnutzen des Sozialproduktes größer oder

---

1) v. Stackelberg. Grundzüge. S. 75–77.
2) Reinhard Junge System der Lebensphilosophie. Hans Driesch. Das Lebensproblem im Lichte der modernen Forschung. (Vgl. Literaturverzeichnis).

kleiner wird, abgeben, wenn ich erkennen kann, ob der Nutzen für einen anderen Menschen größer oder kleiner wird. Da der Mensch durch die verschiedensten Ausdrucksmittel, vor allem durch die Sprache, seine Empfindungen äußert, ist dies möglich, so daß an der Objektivität des Begriffes des Gesamtnutzens einer Volkswirtschaft kein Zweifel möglich ist, es sei denn, man wollte auch der Psychologie allgemein die Möglichkeit absprechen, objektiv gültige Urteile abzugeben, also ihren Charakter als Wissenschaft leugnen.[1])

Wirtschaftsrechnung aber setzt voraus, daß ich den Nutzen in Zahlen ausdrücken kann. Da eine direkte Messung infolge seiner immateriellen Natur unmöglich ist, wird der Nutzen in Zahlen ausdrückbar erst durch das Hinzukommen des Geldes. Es wird jetzt der Nutzen eines Gutes von jedem Teilnehmer am Marktgeschehen mit dem Nutzen einer bestimmten Anzahl von Geldeinheiten gleich geschätzt und durch die Zahl dieser Geldeinheiten bezeichnet. **Der zahlenmäßige Ausdruck der Preise durch den Generalnenner Geld ist nur deshalb möglich, weil auch die qualitativ verschiedenen Nutzenschätzungen einen nur quantitativ bestimmten Generalnenner aufweisen, nämlich ihre jeweilige Spontaneität.** Die so geschätzte Zahl ist der subjektive Wert des Gutes in der Geldwirtschaft im Sinne der Wirtschaftstheorie. Die Geldtheorie spricht in diesem Zusammenhang von der Funktion des Geldes als allgemeines Wertausdrucksmittel. Die so gewonnenen Zahlenausdrücke für den Nutzen der Güter wären nur dann einigermaßen vergleichbar miteinander, wenn der Nutzen der Geldeinheit eine dieser anhaftende objektive Größe wäre. Verglichen wird aber tatsächlich der Grenznutzen des Gutes mit dem Grenznutzen des Geldes, der von der Höhe des Konsumeinkommens des Bewertenden abhängt. Je mehr Geldeinheiten ein Mensch in einem bestimmten Zeitraum für Konsumzwecke ausgeben kann, je höher m. a. W. sein Konsumeinkommen in diesem Zeitraum ist, desto niedriger ist für ihn der Grenznutzen des Geldes. Bei Verschiedenheit der Konsumeinkommen ergeben sich außer den an sich schon vorhandenen Unterschieden in der Abschätzung des Gebrauchswertes der Güter selbst demnach auch wesentliche Unterschiede in dem für jeden Bewertenden gegebenen Grenznutzen des Geldes, der somit nur bei gleichen Konsumeinkommen einigermaßen als gleicher gemeinsamer Nenner für die Bewertungen angesehen werden kann. Wenn das Ergebnis der Wirtschaftsrechnung in der Volkswirtschaft von der Verteilung des Sozialprodukts abhängt, die selbst für die staatliche Wirtschaftspolitik kein Datum ist, dann kann auch das Ergebnis der Wirtschaftsrechnung nicht unter allen Umständen für die Wirtschaftspolitik verpflichtend sein, sondern bedarf bei seiner Auswertung einer kritischen Durchleuchtung.

Weitere nicht unerhebliche Einwände gegen die unbedingte Verwendbarkeit der Ergebnisse der Wirtschaftsrechnung wurden von sozialistischer Seite erhoben.

---

[1]) Über die Unmöglichkeit der Messung des Nutzens vgl. auch Schönfeld. Grenznutzen und Wirtschaftsrechnung. S. 11 ff.

Wie Neurath[1]) **dargelegt hat**, liegt dem Sozialismus nicht nur die Erhöhung des **Einkommens** des Proletariats, sondern die Verbesserung seiner gesamten **Lebenslage** am Herzen. Hierbei wird alles, was der Arbeiter an Leiden und Freuden erlebt, in den Begriff der Lebenslage einbezogen, und es interessiert die Abhängigkeit von Glück und Unglück des Menschen von den sozialen Einrichtungen. Zum Glück und Unglück werden ebenso alle geistigen und seelischen wie alle körperlichen Erlebnisse erfreulicher und unerfreulicher Art gezählt. Besonders aufgezählt werden als Glückserlebnisse in Anlehnung an Marx und Engels: Gesundheit, langes Leben, Freiheitsempfindungen, Empfindung Teil eines Ganzen zu sein, Mitwirkung am gesamten Leben der Gemeinschaft; als unerfreuliche Erlebnisse: Knechtung und Abhängigkeit, schlechte Ernährung und Behausung, Unsicherheit wegen Gefahr der Arbeitslosigkeit, Elend, Arbeitsqual, Sklaverei, Unwissenheit, Brutalisierung, moralische Degradation. Glück und Unglück, Reichtum und Armut faßt Neurath unter dem Begriff der **Lebensstimmung** zusammen und nennt die glücklichere, erfreulichere Lebensstimmung die höhere. Man könne u. U. verschiedene Lebensstimmungen nach ihrer Höhe in eine Reihe ordnen. Zwei Lebensstimmungen könnten auch gleich hoch sein. Man könne nur nicht die Höhe einer Lebensstimmung oder das Verhältnis in der Höhe zweier Lebensstimmungen in Zahlen ausdrücken. Dies deckt sich mit unseren obigen Ausführungen, denn alle Empfindungen von Glück oder Unglück, Freude oder Leid sind seelische Vorgänge, auch wenn ihre Ursache in einem körperlichen Geschehen liegen mag. Sie unterscheiden sich — wie alle seelischen Vorgänge — durch ihren Gehalt und ihre jeweilige Spontaneität. Wir haben oben bereits dargelegt, daß nur für einen kleinen Ausschnitt aus der Gesamtheit aller seelischen Vorgänge die Spontaneität in Zahlen ausdrückbar gemacht werden kann, nämlich für die mit Hilfe wirtschaftlicher Mittel erreichten Glückserlebnisse. Wir hatten gesehen, daß die Energiestärke dieser besonderen Glückserlebnisse, die wir mit dem Nutzen der Wirtschaftstheorie für identisch erklärt hatten, auch erst durch das Hinzukommen des Geldes in Zahlen ausdrückbar wird. Da Neuraths „Lebensstimmung" alle erfreulichen und unerfreulichen Erlebnisse einschließt, die überhaupt möglich sind, geht sie über den engen Rahmen dessen, was in Zahlen ausdrückbar gemacht werden kann, weit hinaus. Richtig ist also, daß keine irgendwie denkbare Wirtschaftsrechnung zu einem genauen Vergleich verschiedener Lebensstimmungen oder Lebenslagen in diesem Sinne führen kann. **Jede Wirtschaftsrechnung findet ihre Grenze dort, wo die Möglichkeit aufhört, ein Mehr an Glück, ein Mehr an Bedürfnisbefriedigung für Geld einzutauschen. Marshall** hat im ersten Bande seiner „Principles of Political Economy" die Wirtschaftstheorie geradezu als denjenigen Zweig der Psychologie bezeichnet, der sich mit seelischen Vorgängen befaßt, welche durch Vermittlung des Geldes zahlenmäßig faßbar und berechenbar werden. Die Erhöhung

---

1) Otto Neurath, Wirtschaftsplan und Naturalrechnung, passim.

der Lebensstimmung des Volkes kann wegen ihres umfassenden Inhalts nicht von der Wirtschaftspolitik allein geleistet werden, sondern sie ist das Ziel der Gesamtpolitik des Staates. Wohl aber muß die Wirtschaftspolitik darauf Rücksicht nehmen, daß sie nur ein dienender Zweig in dieser Gesamtpolitik ist, und daß die Maximierung des Sozialprodukts nur Sinn hat, soweit das Volk hierdurch wirklich glücklicher wird und nicht durch bestimmte Maßnahmen, die der Steigerung des Sozialproduktes dienen, auf anderen Lebensgebieten mehr Leid hervorgerufen wird, als durch jene Steigerung ausgeglichen werden kann.

Diese Tatsachen berechtigen uns aber noch in keiner Weise, mit Neurath die Wirtschaftsrechnung in Geld wegen ihrer zweifellos immer gegebenen Grenzen als völlig wertlos anzusehen. **Engels** ging in seiner Schrift über „Die Lage der arbeitenden Klassen in England" (1845) bei seinem Vergleich der Lebensstimmung der englischen Fabrikarbeiter vor und nach der Einführung des Fabriksystems „von der Annahme aus, daß Mehr-Arbeiten und Weniger-Essen, Weniger Kleidung-haben, In-dunkleren-Wohnungen-sitzen die Lebensstimmung im allgemeinen herabsetze, zumal das kulturelle Selbstgefühl der Arbeiter ebenfalls verringert worden war. Daß etwa neu auftretende religiöse Glücksgefühle eine ausreichende Kompensation erzeugten, nahm er nicht an. Engels begnügte sich daher mit der Feststellung dieser **Lebenslagenveränderungen.**[1]) Die Lebenslagenveränderungen, die also schließlich im einzelnen festgestellt wurden, waren zu jener Zeit in England alle abhängig vom Konsumeinkommen des Arbeiters, folglich lief der Vergleich der Lebenslagen praktisch doch wieder auf einen Vergleich der Versorgungslagen und Versorgungsniveaus hinaus. Dieser aber wird eben besser, übersichtlicher und genauer durch eine Wirtschaftsrechnung in Geld geleistet, die von den Konsumeinkommen ausgeht. Wenn ich Arbeitszeit, Essen, Kleidung und Wohnung als entscheidend für die Lebensstimmung ansehe, ist der genaueste und einfachste Weg zum Vergleich zweier Lebensstimmungen ein Vergleich der Konsumeinkommen. Es gibt beim Einzelnen und damit auch für die staatliche Politik ein sehr weites Gebiet, wo zum Vergleich der Lebensstimmungen und damit zur Beurteilung des Erfolges der Politik eine Wirtschaftsrechnung ausreicht. Auf diesem Gebiete ist die Wirtschaftsrechnung in Geld jeder Naturalrechnung weit überlegen, weil sie die verschiedenartigsten Bestandteile einer Lebenslage auf einen einheitlichen Nenner bringt. Nur in Grenzfällen ist eine Korrektur des Ergebnisses der Wirtschaftsrechnung wegen solcher Bestandteile der Lebensstimmungen erforderlich, die nicht durch ein höheres Konsumeinkommen gesteigert werden können. In diesen Grenzfällen bedarf die Wirtschaftspolitik einer Korrektur aus allgemeinen politischen Erwägungen, aber auch dann ist die Wirtschaftsrechnung nicht wertlos, vermag sie doch die Kosten jener Abweichungen von der Wirtschaftspolitik anzugeben, die nach dem bloßen Ergebnis der Wirtschaftsrechnung richtig gewesen wäre.

[1]) Neurath, a. a. O. S. 35.

Nur bei Kenntnis dieser Kosten aber kann man sich ein Urteil bilden, ob das Volk sich die anderen Maßnahmen überhaupt leisten kann, die man zur Verbesserung seiner Lebenslage für notwendig hält. Ein Fortschritt hinsichtlich der Vergleichbarkeit verschiedener Lebenslagen könnte nicht auf dem Wege über die Naturalrechnung erzielt werden, sondern im Gegenteil nur auf dem Wege über die Ausdehnung der Geldwirtschaft durch Einbeziehung auch solcher immateriellen Elemente der Lebenslagen in den Marktverkehr und die Geldrechnung, die heute noch nicht einbezogen sind. Tatsächlich ist in den letzten Jahrzehnten vieles in Geld ausdrückbar geworden, was es früher weniger war, z. B. zahlreiche Risiken, wie Krankheit, Sterblichkeit usw. durch das Versicherungswesen, indem die Höhe der zu zahlenden Versicherungsprämie als Geldausdruck für den betreffenden Bestandteil einer Lebenslage eingesetzt werden kann. Man müßte also bei dem Vergleich der Versorgungslagen zweier verschiedener Arbeiterkategorien auch ihre verschiedene Sterblichkeit und Erkrankungshäufigkeit durch entsprechende Abschläge von den Konsumeinkommen durch gesondert berechnete Versicherungsprämien berücksichtigen. In ähnlicher Weise mag noch so manche Ausdehnung der Geldrechnung auf weitere Bestandteile der Lebenslagen möglich sein. Der Begriff der Versorgungslage und der Begriff der Lebenslage würden einander dadurch immer mehr angenähert.

Die Erkenntnis, daß die Geldrechnung ihre Grenzen hat, ist aber durchaus nicht neu, sondern schon v. Mises hatte diese erkannt und eher noch für enger angesehen, als es hier geschieht.[1]) Er hat dabei auf die ständigen, wenn auch beim guten Gelde nicht all zu großen Schwankungen des Geldwertes hingewiesen, durch die die Vergleichbarkeit solcher Rechnungen über längere Zeiträume hinweg beeinträchtigt wird. Die Wirtschaftsstatistik hilft sich hier mit der Berechnung von Preisindices und Zurückführung aller Zahlen auf den Preisstand eines bestimmten Jahres. Indem man so die Veränderungen der Knappheitsverhältnisse zwischen dem Geld und der Gesamtheit der Waren auszuschalten sucht, sollen die Verschiebungen der Knappheitsverhältnisse zwischen den Warengattungen usw. um so besser zum Ausdruck kommen. Auch daß in die Geldrechnung alle die wertbestimmenden Momente nicht eingehen können, die außerhalb des Tauschkehrs stehen, hatte v. Mises erkannt, und er trat dafür ein, sie als Korrektur ihres Ergebnisses zu berücksichtigen. Er erwähnt die Schönheit eines Wasserfalls, die durch die Anlage eines Kraftwerkes leiden müsse, was bei der Entscheidung über dessen Bau berücksichtigt werden solle, ferner die Gesundheit der Menschen und die Ehre Einzelner oder ganzer Völker. Solche Güter seien Güter erster Ordnung, deren Berücksichtigung dadurch nicht schwieriger wird, daß sie von der Geldrechnung nicht erfaßt werden können. v. Mises übersieht allerdings die besondere Schwierigkeit, die darin liegt, bei wirtschaftlichen Entscheidungen solche Gefühle nicht nur bei sich, sondern auch bei

1) v. Mises, Gemeinwirtschaft, S. 102—4.

anderen zu berücksichtigen. In der freien Marktwirtschaft ist derjenige Unternehmer im Vorteil, der diese Gefühle bei anderen nicht berücksichtigt, denn seine privatwirtschaftliche Erfolgsrechnung wird durch die Verletzung ideeller Empfindungen anderer nicht beeinflußt. Daher das häßliche Bild der in der Blütezeit der freien Marktwirtschaft erbauten Großstädte und die gesundheitliche Schädigung von Millionen Menschen durch den Bau ungesunder, aber rentabler Mietskasernen. Er lehnt es als dilettantische Spielerei nicht nur ab, wenn man die Menschenverluste durch Auswanderung oder Krieg in Geld zu berechnen strebt, sondern auch ihre Anwendung bei geschichtlichen Vergleichen und Schätzungen von Volksvermögen und Volkseinkommen. Die Bedenken gegen diese letzteren Anwendungen der Geldrechnung sind durch Verfeinerung der Methode der Wirtschaftsstatistik und Berücksichtigung der Fehlerquellen überholt, aber bei der Auswertung solcher Rechnungen müssen die Grenzen ihres möglichen Sinnes beachtet werden, wenn keine Fehlschlüsse entstehen sollen.

Eine erfolgreiche Wirtschaftspolitik muß sich — ebenso wie eine erfolgreiche Betriebsführung — auf genaues Rechnen stützen, muß aber die Ergebnisse der Rechnung aufgrund all derjenigen Imponderabilien überprüfen, die mit den übrigen Zielsetzungen der Gesamtpolitik in Zusammenhang stehen.

Benutzte Literatur

I. Bücher.

1. Allgemeine Regeln der industriellen Kostenrechnung. Reichsgruppe Industrie, Berlin. Bearbeitet von Dr. A. Müller, Stuttgart 1942.
2. Bosch, Margarete.
   Die gelenkte Marktwirtschaft. Stuttgart, Berlin 1939.
3. Brutzkus, Boris.
   Der Fünfjahresplan und seine Erfüllung. Leipzig 1932.
4. Bücherei des Ostraumes.
   Herausgegeben von Georg Leibbrandt. Die wirtschaftlichen Möglichkeiten der Sowjetunion. Berlin. o. J.
5. Bucharin, N.
   Ökonomik der Transformationsperiode. Hamburg 1922.
6. Cana.
   Hoffnungslose Finanzen?. Merkur-Verlag Düsseldorf 1947.
7. Carel, Erich.
   Allgemeine Volkswirtschaftslehre.
8. Cassel, Gustav.
   Theoretische Sozialökonomie. II. Auflage. Leipzig 1921 und IV. Auflage Leipzig 1927.
9. Cassel, Margrit.
   Die Gemeinwirtschaft, ihre Stellung und Notwendigkeit in der Tauschwirtschaft. Leipzig 1925.
10. Cohn, Arthur Wolfgang.
    Kann das Geld abgeschafft werden? Jena 1920.
11. Driesch, Hans. (Hg.)
    Das Lebensproblem im Lichte der modernen Forschung (unter Mitwirkung von Heinz Woltereck) Leipzig 1931.
12. Eheberg, Karl Theodor von.
    Finanzwissenschaft. 18. und 19. Auflage. Leipzig, Erlangen 1922.
13. Eucken, Walter.
    Grundlagen der Nationalökonomie. Jena 1940.
14. Gottl-Ottlilienfeld.
    Wirtschaft und Wissenschaft. 2. Bd. Jena 1931.
15. Derselbe. Bedarf und Deckung. Jena 1928.
16. Haberler, Gottfried.
    Der internationale Handel. Enzyklopädie der Rechts- und Staatswissenschaft. XLI Berlin 1933.
17. Heckscher, Eli F.
    Der Merkantilismus. Übers. v. G. Mackenroth. 2. Bd, Jena 1932.

18. Heimann, Eduard.
Mehrwert und Gemeinwirtschaft. Berlin 1922.

19. Hellauer, J.
„Bezugskalkulation" im Lexikon des kaufmännischen Rechnungswesens. Hg. von Karl Bott, Stuttgart 1941.

20. Hellauer, J.
Kalkulation in Handel und Industrie. Berlin, Wien 1931.

21. Junge, Reinhard.
System der Lebensphilosophie. Bd. 1 und 2 Berlin 1937.

22. Landauer, Carl.
Planwirtschaft und Verkehrswirtschaft. München, Leipzig 1931.

23. Lexis.
Artikel „Merkantilsystem" im Wörterbuch der Volkswirtschaft, hg. Ludwig Elster. III. Aufl., Jena 1911.

24. Derselbe. Artikel „Zins" ebenda.

25. Lösch, August.
Die räumliche Ordnung der Wirtschaft. Jena 1940.

26. Manoilesco, Mihail.
Die nationalen Produktivkräfte und der Außenhandel. Jena 1937.

27. Mead, Margaret.
. . . Und haltet euer Pulver trocken! München 1947.

28. Mises, Ludwig von.
Die Gemeinwirtschaft. Untersuchungen über den Sozialismus. Jena 1922.

29. Neurath, Otto.
Wirtschaftsplan und Naturalrechnung. Von der sozialistischen Lebensordnung und vom kommenden Menschen. Berlin 1925.

30. Ostertag, P.
Die Deckung des Valutarisikos im Warenhandel. Berlin 1924.

31. Reithinger, Anton.
Wirtschaftsbeobachtung und Wirtschaftsordnung. Leipzig 1936.

32. Rentrop, Wilhelm — Kayser, Hans-Georg.
Preispolitik und Preisüberwachung in Europa. München, Berlin 1941.

33. Röpke, Wilhelm.
Artikel „Sozialisierung" im Handwörterbuch der Staatswissenschaft, 4. Auflage 1926.

34. Schmalenbach, Eugen.
Kapital, Kredit und Zins in betriebswirtschaftlicher Beleuchtung. Leipzig 1933.

35. Derselbe. Grundlagen der Selbstkostenrechnung und Preispolitik. Leipzig 1927.

36. Schmalz, Kurt.
Valutarisiko. Stuttgart 1921.

37. F. Schmidt.
Die Industriekonjunktur — ein Rechenfehler! Berlin-Wien 1927.

38. Schmölders — Graf Yorck von Wartenburg.
Die Preisbildung nach der Kriegswirtschaftsverordnung. Berlin, Stuttgart 1941.

39. Schönfeld, Leo.
Grenznutzen und Wirtschaftsrechnung. Wien 1924.

40. Schriften der Akademie für Deutsches Recht.

41. Gruppe Wirtschaftswissenschaft.
Heft 1. Der gerechte Preis, Berlin 1940.
Heft 6. Der Wettbewerb als Mittel volkswirtschaftlicher Leistungssteigerung und Leistungsauslese. Berlin 1942.

42. Schweinfurth, Nadeschda.
Das Außenhandelsmonopol der Union der Sozialistischen Sowjetrepubliken. Berlin 1934.

43. Siegert, Friedrich P.
Die Subventionen der Weltschiffahrt und ihre sozialökonomischen Wirkungen. Berlin 1930.

44. Söller, Arno.
Das Großraumkartell. Dresden 1941.

45. Sombart, Werner.
Die Ordnung des Wirtschaftslebens. Berlin 1925.

46. Stackelberg, Heinrich Freiherr von.
Grundzüge der theoretischen Volkswirtschaftslehre. Stuttgart, Berlin 1943

47. Stein.
Valutarisiko und Sicherung der Unternehmung. Berlin 1924.

48. Tugwell, Rexford Guy.
The Trend of Economics. New York. Alfred A. Knopf 1927, mit folgenden Einzelbeiträgen: W. C. Mitchell. The Prospects of Economics. John Maurice Clark. The Sozializing of Theoretical Economics.

49. Tyszka, Carl von.
Grundzüge der Finanzwissenschaft. 2. Aufl. Jena 1923.

50. Veröffentlichungen der Industrie- und Handelskammer Mannheim. „Zur Währungs- und Finanzlage Deutschlands".

51. Vogt, Fritz.
Die Wandlung der Marktordnungsverbände vom liberalen zum autoritären Staat. Stuttgart und Berlin 1943.

52. Wagemann, Ernst.
Struktur und Rhythmus der Weltwirtschaft. Berlin 1931.

53. Weber, Adolf.
Übergangswirtschaft und Geldordnung. München 1946.

54. Weber, Max.
Wirtschaft und Gesellschaft. Grundriß der Sozialökonomik. III. Abtlg. Tübingen 1922.

55. Zwiedineck-Südenhorst.
Artikel „Lohntheorie und Lohnpolitik" im Handwörterbuch der Staatswissenschaft. 4. Aufl. 1926.

II. Aufsätze in Zeitschriften.

1. Bartels, Enno.
Wirtschaftsrechnungstheorie und sowjetische Wirtschaftsrechnung. Finanzarchiv. Tübingen 1944, S. 314 ff.

2. F. D.
Staatswirtschaft und staatswirtschaftliches Rechnen Finanzarchiv, Tübingen 1944, S. 359 ff.

3. Eucken, Walter.
Gibt es wirtschaftliche Zwangsläufigkeiten? Visionen, Suggestionen und Entwicklungsgesetze. Wirtschaftszeitung Nr. 4 vom 24. 1. 1947.

4. Hellauer, J.
Kalkulation. Zeitschrift für Betriebswirtschaft. Jg. IV, 1927, H. 7, 491/7.

5. Mann, Lothar.
Reform der Arbeitslosenversicherung. Recht und Wirtschaft 1947, Nr. 20, S. 2—3. Scheingewinne durch Steigerung des Preisniveaus. Mindener Briefe 1949. Volkswirtschaftliche Kosten der Arbeitslosigkeit. Mindener Briefe 1949, S. 408.

6. Müthling, Hans.
Die Wertzuwachssteuer. Wirtsch. Kurzbriefe. Rud. Lorenz-Verlag. Blatt 29, Lieferung 33 vom 17. 8. 34.

7. Schmidt, F.
Die Industriekonjunktur, ein Rechenfehler! Zeitschrift für Betriebswirtschaft, 4. Jahrgang, 1927, S. 1, 87, 165.

8. Schmölders, Günter.
Jahrbücher für Nationalökonomie und Statistik 1939, S. 235/37. Besprechung des Buches: Hoff, Trygve J. B. Okonomisk Kalkulasjon i Socialistiske samfund. Oslo 1938.

9. Die Belange des Rheinischen Braunkohlenreviers. Recht und Wirtschaft Nr. 16/1947, S. 1.

10. Entscheidung gegen das Kohlebenzin. Handelsblatt Nr. 29 v. 28. 11. 46.

11. Der Ministerpräsident zur Rekultivierung des Braunkohlengebiets. Recht und Wirtschaft Nr. 17/18/1948, S. 1.

12. Notwendigkeit eines besonderen Gesetzes zur Regelung der Verhältnisse im mittelrheinischen Braunkohlengebiet. Recht und Wirtschaft 1948, Nr. 16, S. 1.

Personenverzeichnis

Sachverzeichnis

FSC
www.fsc.org
MIX
Papier | Fördert gute Waldnutzung
FSC® C083411

Kolibri 360 GmbH
Ferdinand-Jühlke-Straße 7
99095 Erfurt, Deutschland
produktsicherheit@kolibri360.de